VARIETY PUZZLE BOOK FOR ADULTS

This Book Belongs to:
_____
_____

Copyright © 2024
All rights reserved. No part of this publication may be reproduced, distributed, or transmitted in any form or by any means, including photocopying, recording, or other electronic or mechanical methods, without the prior written permission of the publisher

BONUS E-BOOK!

Hope you enjoy FREE SUDOKU 9x9 puzzles and get those brain cells working! For FREE e-book, please visit the following page OR scan the QR code! We will also add you to our emailing list for any future launches, promotions or free ebooks.

www.WishChariot.com/free-ebook

*****

Please do leave us a review on Amazon. It will encourage us to publish more quality puzzle books.

*****

Hope you have fun and a challenging time solving all the puzzles

TABLE OF CONTENTS

INTRODUCTION 5

WORD SEARCH 6

CROSSWORD 19

WORD SCRAMBLE 32

NUMBER SEARCH 45

EASY TO HARD SUDOKU 58

MAZES 62

TRIVIA 66

SOLUTIONS 79

WORD SEARCH 80

CROSSWORD 83

WORD SCRAMBLE 86

NUMBER SEARCH 98

EASY TO HARD SUDOKU 101

MAZES 104

TRIVIA 107

INTRODUCTION

Welcome to "Variety Puzzle Book for Adults" a captivating collection that promises to engage and challenge puzzle enthusiasts of all levels. In this dynamic compilation, you'll embark on a journey through an array of mind-bending activities designed to stimulate your cognitive prowess and entertain your curious mind. As you delve into the diverse challenges awaiting you, from classic word searches and crosswords to intricate mazes and brain-teasing trivia, prepare to unlock the door to a world where intellect and entertainment seamlessly intertwine.

Dive into the heart of this puzzle extravaganza with the "Word Search" section, where the art of linguistic exploration takes center stage. Whether you're seeking hidden words diagonally, horizontally, or vertically, the joy of discovery awaits within each grid. Turn the page, and you'll encounter the enigmatic allure of "Crossword," a timeless puzzle form that demands both vocabulary prowess and cunning problem-solving skills. Keep the mental gears turning as you navigate the twists and turns of linguistic conundrums that await.

Continue your journey through the pages of " Variety Puzzle Book for Adults " to experience a variety of challenges, including the brain-teasing "Word Scramble" and the numerically driven "Number Search." For those who relish the satisfaction of conquering numerical enigmas, the "Easy to Hard Sudoku" section provides a gradual progression of difficulty. Engage your strategic mind as you navigate a spectrum of mazes, each designed to test your spatial awareness and logical thinking. To round off this puzzle-filled adventure, immerse yourself in a trivia bonanza that spans a range of topics, ensuring an entertaining and informative experience for all.

With 12 large print puzzles for each category and comprehensive solutions provided, " Variety Puzzle Book for Adults " offers a delightful and intellectually enriching escape for puzzle enthusiasts of every stripe.

WORD SEARCH

Welcome to Part 1 of our exciting puzzle book! Immerse yourself in the delightful world of word searches, each dedicated to a unique theme. In this section, explore the enriching realms of Gardening, Cooking, Reading, Painting, Photography and much more, challenge your mind as you search for 15 carefully curated words in each category, making your puzzle-solving journey both engaging and fulfilling.

Happy searching!

GARDENING

FIND THE WORDS

```
W Z S G O A Z B P Y U G B F G U D Z
F J X P A O E Q A D R E L L P X S Z
L I D O F F A D E E F K A L E F R B
Y J B M E J B E E X E P K J P S E L
H K V A X E N N K K R O Y W E I W G
E H P U L I H D Q S T H Z D R L O H
R V K B M O V Y U S I E I J K O M F
B H I S U H I T L K L C O A P L N Z
U D A S X Z H F M A I V K L Z V W D
E J E P N A A U V T Z S R F X F A P
A P X O N X L I C K E I Z F H U L B
L I Z G P C E E F T R A I E I G T Y
O X E Y H B S H K P E S T I C I D E
E Y B G K N C T E M V N Q X G B P A
J U Q H I Q B E G Q T S O P M O C O
O R C H I D B O N S A I M H X K J Z
P G X X T P L D S S Z K A E V I S A
F H Z D D J Z O J H E S R U F G C M
```

ALOE
BONSAI
COMPOST
DAFFODIL
EDIBLE
FERTILIZER
GREENHOUSE
HERB
INSECTICIDE
JASMINE
KALE
LAWNMOWER
MULCH
ORCHID
PESTICIDE

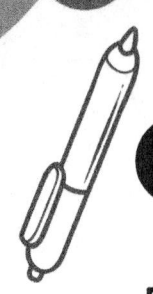

COOKING

FIND THE WORDS

```
R G R S X V L C T E P H H I O Z T S
H O V E N I X R K R Y N A V D E B P
J X H U H T A O T E O U T P K M L N
E L M J U Y O Y I Z X T X Q I M I B
N E X Y F B C Q M I A M D D V W N Q
T Z R Q K I N P F T T E G F Y R G P
R K O O U P A B Y E S G C E A Q R D
E M O J O B U K T P P G P S N D E G
E C A N R L O B A P W M S R F G D A
B P H R V O E W W A E J L A N K I J
P S L D I S V M G N K P K I B G E Z
Q N A S N N R A O Z Q X L Y D C N C
G Z G N I K A B L N P L Z C W K T Z
H M F L N Z J D Y F I D G N N K S N
M N E J K V G P E R H D G I R M O F
O Z P I V H Q Y G X H L F N R Z R N
W C Q G H E R B S T D E V L J H W Y
U H Y C B K S B B D E S S E R T B P
```

APPETIZER
BAKING
COOKBOOK
DESSERT
ENTREE

FLAVOR
GRILLING
HERBS
INGREDIENTS
JUICY

KNIFE
LEMON
MARINADE
NUTMEG
OVEN

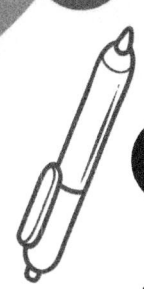

READING

FIND THE WORDS

```
L B H T X T T X Y K A K D B Z J C T
I V G D H G N I L L A R H T N E U N
L M P E E K T I W G U N Z F R D M G
A V A X F D H I R C U B N C V Q T R
N R C G Q B N S C L K A R L B A T J
R G K Y I V D I A D V E N T U R E W
U Y W J R N V Z M O Y L X A E N K K
O C H V L C A B G N J E A Z X H J N
J G O P R U C T C A E K R D W U W O
E R U T A R E T I L B P O N L C H W
G K M M U R J H K V T V O E E I Q L
J H N V C Z G Y P N E C V D S G B E
R M E O O I R O Y F N O H T E Y D D
C W X O I E S Z I A N C O W A L A G
X T Y F T T E S Y B B R U Y M M L E
L G L S F D C Z A L Y Z W K A H O T
N K Y H H K Z I L L S Q K R K F X D
Y M M R C E F B F L C O D L Z B X N
```

ADVENTURE   FICTION   KNOWLEDGE
BIOGRAPHY   GENRE   LITERATURE
CLASSIC   HISTORY   MYSTERY
DRAMA   IMAGINATIVE   NOVEL
ENTHRALLING   JOURNAL   OPEN-MINDED

CROSSWORDS

FIND THE WORDS

```
Z A B H Y G F S L V Z M R A H U E H
E S N M P B J C L U E V I O M K C I
T E D S Y N O N Y M H T N J R H U B
G C A Q Z P U Z Z L E U U I A J K D
E R E K B X C K A A A M C F L T J L
S J I S N H Z X W X B Y Y S L L D Q
B G A D R O I U L L Z C Q N I B I R
O F H N Z E W N E E K T Q I C T V F
Q Q R P A O T L T N T Y T L N J P S
G F Y V G G V N E H M T K T E D D E
V I Y B A J R I I D Q R E H P R O Y
X R H E Y Z T A V F G M J R O Y S Y
E O K F J K Q W M I T E J W S E E V
E D E F I N I T I O N S B K W N J A
Z G K N G L X W S G P B W T I N I C
D I I F P R O E A X S L G G C P Q P
U W K R L R I B H O M M M F M P L G
Z A R A A B R O K W H A M M F D N P
```

ANAGRAM   GRID   LETTERS
CLUE   HINT   PENCIL
DEFINITIONS INTERSECT   PUZZLE
ENIGMA   JUMBLE   SYNONYM
FILL-IN   KNOWLEDGE   WORDS

10

PAINTING

FIND THE WORDS

L	S	M	C	H	S	K	E	X	L	M	E	A	G	V	V	Z	U
T	Z	R	A	V	H	U	W	S	M	G	Q	M	O	U	V	S	J
I	P	A	L	E	T	T	E	V	K	Y	V	S	U	P	Q	B	Z
I	L	N	C	J	E	B	D	Z	D	N	L	A	A	X	D	C	O
Z	M	V	U	A	W	O	N	E	K	J	N	V	C	Q	R	Y	C
B	L	P	S	Q	P	R	C	C	N	H	N	N	H	F	A	V	O
S	L	E	R	L	B	A	F	K	I	L	Y	A	E	Z	J	H	N
O	L	A	L	E	L	A	B	Z	F	A	H	C	A	K	T	Y	X
I	I	L	N	F	S	F	P	L	E	V	C	A	B	E	G	I	G
R	S	U	L	D	W	S	K	R	F	N	C	R	F	Z	Q	E	U
Q	U	I	L	L	S	A	I	C	T	D	I	M	Y	M	U	H	R
M	N	G	S	B	Q	C	R	O	H	L	A	I	P	L	Z	E	D
N	P	O	W	R	L	D	A	C	N	T	E	B	I	W	I	J	F
G	F	O	S	U	Q	L	T	P	V	I	A	I	B	J	N	C	R
D	E	R	O	S	D	E	X	T	E	J	S	Q	E	L	O	J	A
N	G	Y	Z	H	L	M	I	X	I	N	G	M	A	K	E	J	M
B	T	U	H	E	C	G	H	O	R	I	Z	O	N	O	D	D	E
U	B	K	K	S	M	T	T	E	O	D	K	V	O	D	V	I	S

ACRYLIC	FRAMES	KNIFE
BRUSHES	GOUACHE	LANDSCAPE
CANVAS	HORIZON	MIXING
DABBLE	IMPRESSIONISM	PALETTE
EASEL	JAR	QUILL

PHOTOGRAPHY

FIND THE WORDS

```
J I E R L A Y U H P Q G E K E N J D
S H I G H K E Y A X M C C D Z G J Z
I I Q V C A O X U M F P O R V O T Z
K S R E T L I F P J R P J A Y L O V
K D S P U D L S C O I E D W G D W V
L B J P E G E R N R S E K Q N E L G
F X I M V J Y E T R P U N G C N N V
U S H V I S O S P T O U R N U H X S
A L N K X V T A H S Y D Y E R O Y Z
N P J D Q D R O X E R F R A M U O O
F M M X Q E F W Q P N E I M N R M V
R C I C M F E A M K Y E T S B E Y D
T K K A I P S A V Z P W G T Y X O U
E G C E B H C K T V H A S A U X D D
B K L L P R V N E K J W E Y T H E A
A D F A O C C U R Y R U M U E I S D
I L E N S D Q V E R U T R E P A V K
N X B L A C K A N D W H I T E G M E
```

APERTURE
BLACK AND WHITE
CAMERA
DEPTH OF FIELD
EXPOSURE

FILTERS
GOLDEN HOUR
HIGH KEY
ISO
JPEG

LENS
MACRO
NEGATIVE
SHUTTER SPEED
TRIPOD

KNITTING

FIND THE WORDS

```
J Q I X E F D V G N I E Y D R C Z O
F U F U L G Q O I U L S D Z V H P K
P I M E H C U C N B F Z Y K K M N S
T W B P X G C A A R B N E C Z I F B
N Q Y E E Q J C G U E T N I T G D C
P H B B R R E S P I W T D U Q T T I
E Z A J J R G C H T R D T Q N L T G
X B Q T C I C D A I R J M A E Y O H
C K A P J Z N N T L U B K E P S H G
P V M I N E E D L E S Q O O U T A F
S N N D C B E J T N R B V P M S D I
S H A S N E T T I M B D E A J G E N
M Y J H I M S I A M S W R T I P L T
W N K E R Y D E X F A G S P J Z E A
C U Y S K D O G V X W H I G I Z G R
A H H J U E L M V X H Y Z T X L A S
O K L G I Z P C E V P L E Y L I N I
C N Q W F N N E E S B H D Q J F T A
```

CABLE	HAT	MITTENS
DYEING	INTARSIA	NEEDLES
ELEGANT	JUMPER	OVERSIZED
FIBER	KNIT	PATTERN
GAUGE	LACE	QUICK

13

FISHING

FIND THE WORDS

```
L C O D L D R B U L K O A A R C O P
U E M G Q P L B X T A P T J R U O H
E G O N T R W W X K Y S B E T I L B
Y T X D P N W S C X A I P D G J M W
D N B J P M X O N I K Y O P I J M N
Y E K P A F D O Z I K O W G Z L H O
K M C O I W V S A J R V G J W I A T
Q A N E O B A I T S I P G G A I A
O L L B Q H L M V U N K I B Q C P O
E I V B G U B C B G B E K X E U D L
P F K D B G I D U F K G E F D W J F
R O G L E S M P E V K E I J O W Z S
O N Y H L R X Z M V T S N L U H Q M
C O P V U F C C K E H A G E A R E B
A M J F R P N N S I N D C N R Q K P
T Q J N E D Y T N L N T F B V Q P J
C Q V A K D E G G L V N K T Z M S V
H U I P T N A P Q Y H C I D G Y R A
```

BAIT	GEAR	LURE
CATCH	HOOK	MONOFILAMENT
DOCK	ICE FISHING	NETS
EQUIPMENT	JIGGING	OUTDOORS
FLOAT	KAYAK	PIKE

MUSIC

FIND THE WORDS

```
G L D A L Y I I D E V I T S E F N Z
T M C A S Z E Z Q X E Y B D T X W D
R P O B Z N C K O R C H E S T R A K
J P I X T H D J K O N N J V A Q D F
O X O E O D O B D P Z C C R O X T R
I K P R P S C J Q I L H E N H O K M
N Z D F S C J A Z Z A C H E H J R U
S B C U Q H O M L P N W S U G W T G
T H P N T T D G P A I C N K C A J L
R Q J F K S J Y M F I H Z T E I J V
U Y D O L E M R U M P O C B K F P S
M N U C O H O W A T V R Q V I L P B
E U I R Y F S N L X L Y R I C S W I
N M L G R E Y S J X P H J X O V C R
T B N E T D Y E N Z C I A P W G J F
Y U P O U Z H A R M O N Y Z Y T I S
U X N W G B M J Q Y O Y T I F L V B
L S J M N F B E L B M E S N E B Y M
```

BEAT
CHORD
DYNAMICS
ENSEMBLE
FESTIVE

GROOVE
HARMONY
INSTRUMENT
JAZZ
KEY

LYRICS
MELODY
NOTES
ORCHESTRA
PERFORMANCE

TRAVEL

FIND THE WORDS

```
K S O B A J T K B Q U K D F M W N M
E B P S Y H X D J G O N E V Y A O S
N T E V G Y R J B O E M S U N I P Q
H P I I S C H K B R U Z T O K T F D
W Q L W Q A B E O H D R I N Q I P Q
R F L J X Y D L Q S B T N V T C W L
E V V P F I P V A C A U A E T G Z E
L E H M U X U E E G M U T Y Y K F Y
E X Z G E P S Y I N R G I X M M R Y
T E Z G R A V Z Y T L O G J A Y B
O N A C E U A S M P U N U R W A L
H Y V V J N Y W S E J C R E R C U C
Z U O O G J Q Q S P O N N E K H R R
Y A L T M C T G I I O I T P Z S D U
D E T D D Y T R L P T R A V F N D I
K Y L U G G A G E I D C T L Y P N S
Z K X D A X L S V R K P K H B I N E
R V T I G C I H J M J V L P N L G K
```

ADVENTURE　　FLIGHT　　　　LUGGAGE
BACKPACK　　 GUIDEBOOK　　MAP
CRUISE　　　　 HOTEL　　　　　NAVIGATION
DESTINATION　ITINERARY　　OVERSEAS
EXPLORE　　　 JOURNEY　　　 PASSPORT

16

CRAFTS

FIND THE WORDS

S	V	N	U	P	R	Z	J	N	K	O	C	U	M	C	M	R	T
Q	X	K	A	J	K	E	V	Z	U	I	N	L	L	O	F	K	P
L	A	P	L	N	W	Y	G	G	A	W	N	B	H	X	L	Q	Y
B	E	D	V	E	R	U	K	S	E	J	O	K	G	O	W	A	F
R	U	N	L	U	P	E	O	G	V	X	Q	R	H	R	L	E	K
Q	K	R	E	X	M	M	H	X	O	Q	D	B	I	Q	X	D	W
O	Y	A	T	E	T	W	J	T	U	I	H	S	Y	G	M	O	A
H	V	I	X	K	D	G	C	M	A	P	T	N	N	V	A	L	I
V	D	Q	V	N	E	L	R	L	X	E	F	T	B	J	E	M	J
I	E	M	S	I	Z	G	E	C	O	U	L	M	G	A	Y	B	I
T	C	O	C	T	X	Z	J	W	L	H	A	N	D	M	A	D	E
F	O	R	B	T	F	F	D	F	O	A	N	K	Q	L	L	G	O
J	U	W	V	I	A	H	K	F	N	R	Y	C	S	Q	R	U	G
T	P	P	I	N	B	F	T	S	V	Q	K	E	E	F	A	L	I
I	A	O	L	G	R	W	C	V	F	U	K	N	X	H	U	G	N
Q	G	R	T	I	I	H	E	M	B	R	O	I	D	E	R	Y	I
W	E	O	K	L	C	N	F	E	K	G	I	M	O	Q	U	Y	N
G	M	T	T	B	E	A	D	I	N	G	P	A	Q	B	M	U	U

BEADING   GLUE   LEATHER
CLAY   HANDMADE   MOSAIC
DECOUPAGE   INK   NEEDLEWORK
EMBROIDERY   JEWELRY   ORIGAMI
FABRIC   KNITTING   PAPER

CHESS

FIND THE WORDS

B	T	G	P	D	E	B	K	Z	O	P	E	N	I	N	G	S	T
B	D	U	K	H	U	N	G	K	I	N	G	J	N	B	F	J	K
S	E	U	L	J	I	Z	T	X	D	H	D	J	M	Y	O	E	L
H	F	K	R	G	B	B	Y	M	N	E	N	G	Q	T	R	G	U
J	E	K	H	U	E	F	E	F	O	P	A	S	U	C	K	O	L
Z	N	T	W	T	N	E	G	T	N	W	O	B	E	M	U	J	T
W	S	T	L	L	D	S	B	O	A	U	U	V	E	J	A	F	P
Z	E	V	P	P	G	B	Q	C	R	M	R	S	N	T	C	A	Z
O	I	V	M	P	A	W	N	Z	V	T	K	L	T	I	I	Y	W
N	E	L	C	X	M	F	Q	L	C	I	W	C	C	J	P	G	X
G	P	K	U	D	E	D	I	T	Q	A	J	G	E	X	H	E	S
P	T	E	U	U	F	Y	J	K	A	B	T	N	B	H	C	T	T
A	C	O	O	D	M	Y	C	L	A	C	L	T	R	S	C	A	O
G	A	M	B	I	T	D	Q	U	N	F	T	V	A	M	S	R	H
X	Q	T	F	L	R	U	A	R	L	H	I	I	E	C	U	T	U
X	V	M	S	A	J	Q	A	K	O	P	N	C	Y	K	S	N
B	G	F	O	U	Z	B	J	S	B	O	Y	Z	M	S	S	M	L
N	X	B	E	S	X	N	N	W	S	A	K	P	P	S	V	A	G

ATTACK	FORK	PAWN
BOARD	GAMBIT	QUEEN
CHECKMATE	KING	ROOK
DEFENSE	KNIGHT	STRATEGY
ENDGAME	OPENINGS	TACTICS

CROSSWORD

Embark on a captivating journey of mental exploration with part 2 of our puzzle book, delving into the realms of classical literature, mythological creatures, scientific discoveries, and more, engage your mind as you traverse the diverse landscapes of knowledge and curiosity, challenging yourself with crosswords that span the breadth of human understanding

CLASSICAL LITERATURE

FILL IN THE GRID TO MATCH THE CLUES.

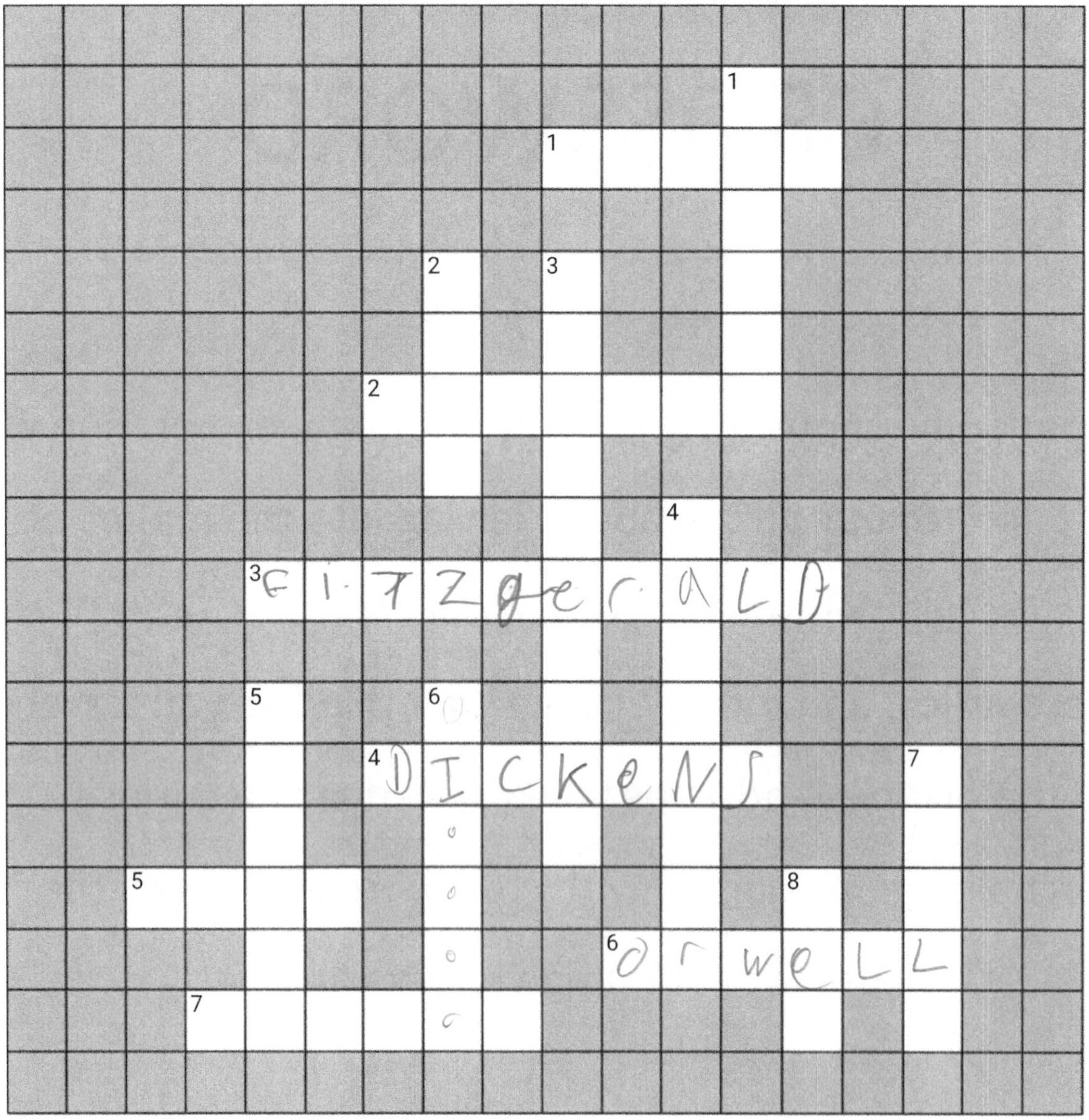

ACROSS

1. Epic poem attributed to Homer
2. Novel where Anna Karenina appears
3. Writer of "The Great Gatsby"
4. "Great Expectations" author
5. Title character in "Moby Dick"
6. Author of "1984"
7. Title character in "Hamlet"

DOWN

1. Novel with Jay Gatsby
2. Setting of the "Iliad"
3. Work with Raskolnikov
4. Work featuring Holden Caulfield
5. Setting of "The Odyssey"
6. Heroine of "Pride and Prejudice"
7. Mrs Dalloway's creator
8. Author of "To Kill a Mockingbird"

MYTHOLOGICAL CREATURES

FILL IN THE GRID TO MATCH THE CLUES.

ACROSS

1. Creature with goat legs
2. One-eyed giant
3. Half lion, half eagle
4. Snake-haired Gorgon
5. Fire-breathing beast
6. Half horse, half man

DOWN

1. Horse with single horn
2. Sea creature with tentacles
3. Winged horse
4. Water-dwelling serpent
5. Lion with goat head
6. Half lion, half fish
7. Female monster
8. Serpent with multiple heads

21

SCIENTIFC DISCOVERIES

FILL IN THE GRID TO MATCH THE CLUES.

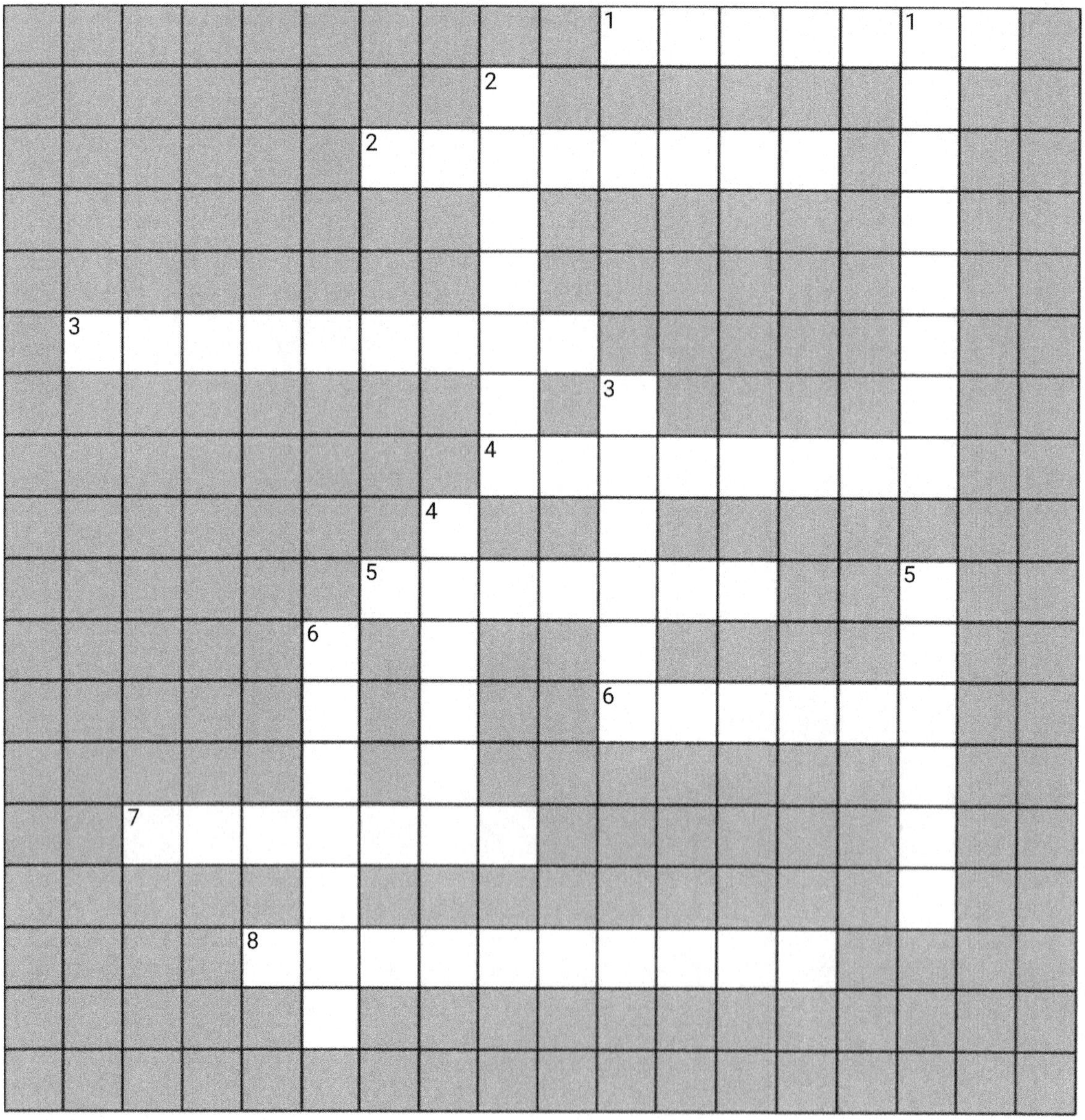

ACROSS

1. Studies continental drift
2. Discovers neutron
3. Develops periodic table
4. Discovers x-rays
5. Studios electromagnetism
6. Uses anaesthetics in surgeries
7. Discovers penicillin
8. Proposes heliocentric theory

DOWN

1. Studying relativity theory
2. Studies microbiology
3. Studies inheritance
4. Discovers DNA structure
5. Studies natural selection
6. Discovers electron

22

MOVIE GENRES

FILL IN THE GRID TO MATCH THE CLUES.

ACROSS

1. Western gunfights
2. Action-packed, explosive films
3. Historical epic drama
4. Comedy with singing
5. Time-travel science fiction
6. Fast cars action
7. Horror in the woods
8. Mystery detective story

DOWN

1. Outer space adventure
2. Mafia crime drama
3. Supernatural thriller
4. Romantic tearjerker
5. Teen coming-of-age
6. Animated superhero
7. Spy espionage action

FAMOUS PAINTINGS

FILL IN THE GRID TO MATCH THE CLUES.

(Grid filled in:)
- 2 Down: WANGOGH
- 3 Across: MUNCH
- 4 Across: BOTTICELLI
- 2 Across: PICASSO
- 3 Down: RENOIR
- 5 Across: VERMEER
- 5 Down: MONET
- 6 Down: DALI

ACROSS

1. American Gothic painter
2. Guernica painter
3. The Scream artist
4. The Birth of Venus artist
5. Girl with a Pearl Earring painter
6. Las Meninas painter

DOWN

1. Whistler's Mother painter
2. The Kiss painter
3. Dance at Le Moulin de la Galette artist
4. Starry Night artist
5. Water Lilies painter
6. The Persistence of Memory painter

24

MUSICAL INSTRUMENTS

FILL IN THE GRID TO MATCH THE CLUES.

ACROSS

1. African percussion
2. Compact wind instrument
3. Piano-like keyboard
4. Large string instrument
5. Hand-held percussion
6. Woodwind with reed

DOWN

1. Produces low tones
2. Squeezebox instrument
3. Stringed, plucked instrument
4. Blown with a reed
5. Plucked string instrument
6. Played with a bow
7. Played with mallets
8. A woodwind instrument

25

HISTORICAL EVENTS

FILL IN THE GRID TO MATCH THE CLUES.

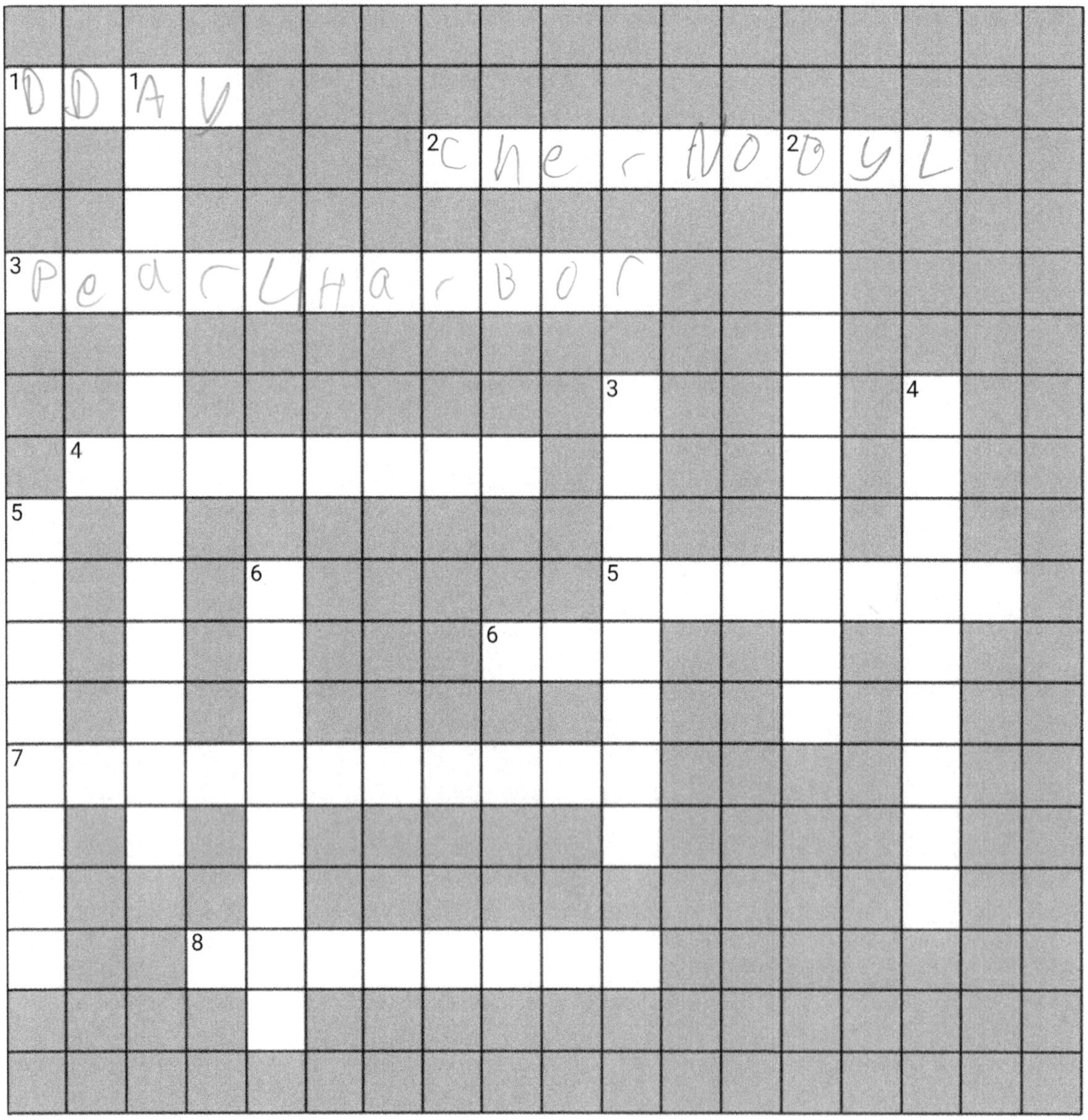

ACROSS

1. 1944 D-Day Invasion
2. 1986 Chernobyl Disaster
3. 1941 Pearl Harbor Attack
4. 1865 Civil War End
5. 1912 Titanic Sinking
6. 1914 World War I
7. 1969 Apollo 11 Landing
8. 1815 Battle of Waterloo

DOWN

1. 1963 JFK Assassination
2. 1989 Fall of Berlin Wall
3. 1066 Battle of Hastings
4. 1775 Battle of Lexington
5. 1492 Columbus Voyage
6. 1945 World War II

TYPES OF CUISINE

FILL IN THE GRID TO MATCH THE CLUES.

ACROSS

1. Chinese stir-fry dish
2. Mexican folded tortilla
3. Vietnamese noodle soup
4. Spicy Indian dish
5. Lebanese chickpea dip
6. Greek yogurt dip

DOWN

1. Brazilian grilled meat
2. Raw fish dish
3. Thai spicy noodles
4. Japanese noodle soup
5. Spanish rice dish
6. Korean spicy cabbage
7. French onion soup

FAMOUS LANDMARKS

FILL IN THE GRID TO MATCH THE CLUES.

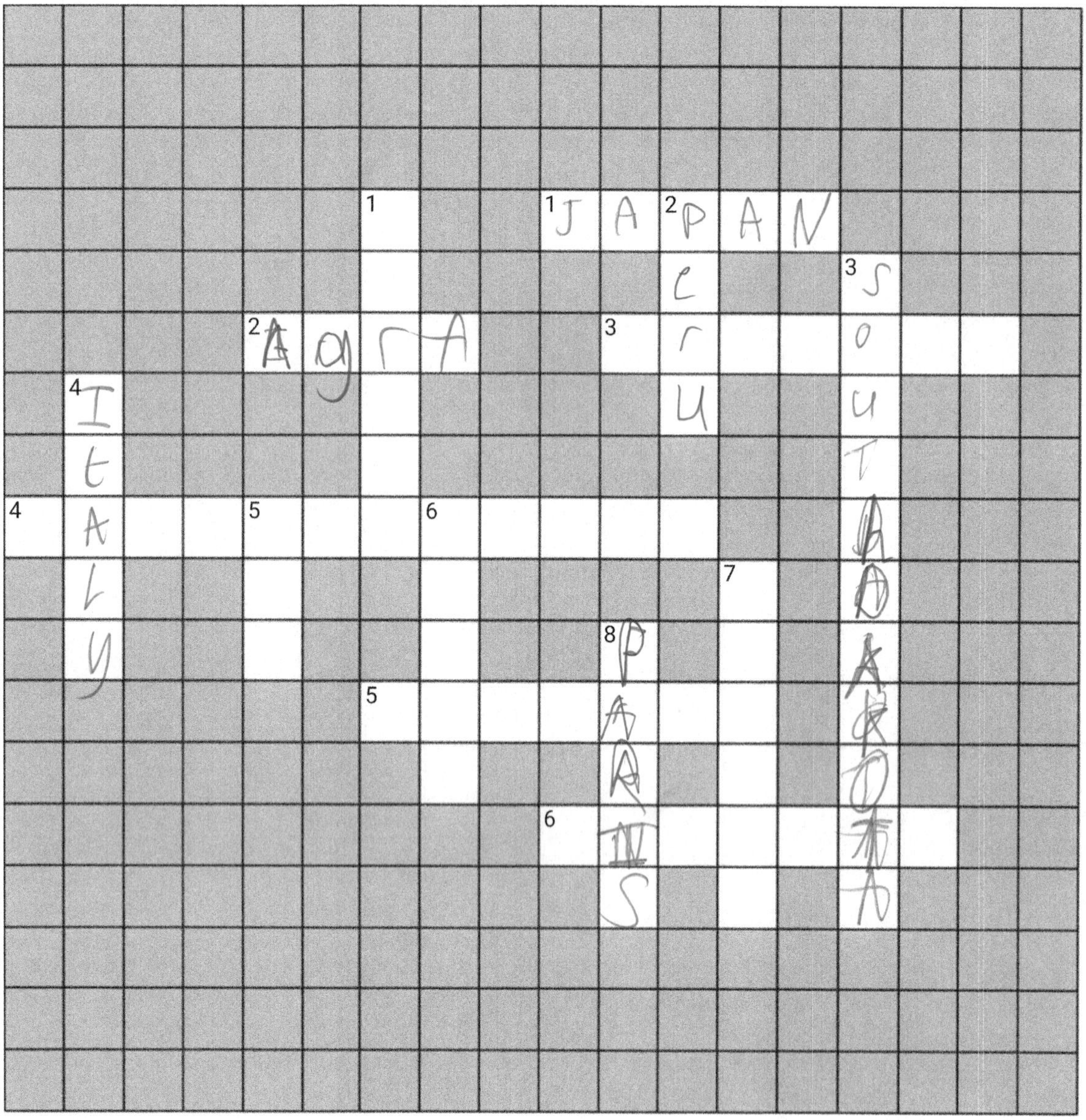

ACROSS
1. Mount Everest
2. Taj Mahal
3. Grand Canyon
4. Golden Gate Bridge
5. Stonehenge
6. Statue of Liberty

DOWN
1. Petra Jordan
2. Machu Picchu
3. Mount Rushmore
4. Colosseum Rome
5. Christ the Redeemer
6. Great Wall China
7. Sydney Opera House
8. Eiffel Tower

CLASSICAL MYTHOLOGY

FILL IN THE GRID TO MATCH THE CLUES.

ACROSS

1. Goddess of the Harvest
2. Goddess of Love
3. God of the Sea
4. God of the Sun
5. Queen of the Gods
6. God of the Underworld
7. Hero with a Achilles heel

DOWN

1. God of Wine
2. Goddess of the Hearth
3. Goddess of Discord
4. God of War
5. Goddess of the Moon
6. Goddess of the Hunt
7. Goddess of Wisdom

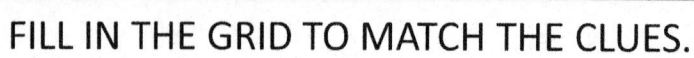

SPORTS TEAMS

FILL IN THE GRID TO MATCH THE CLUES.

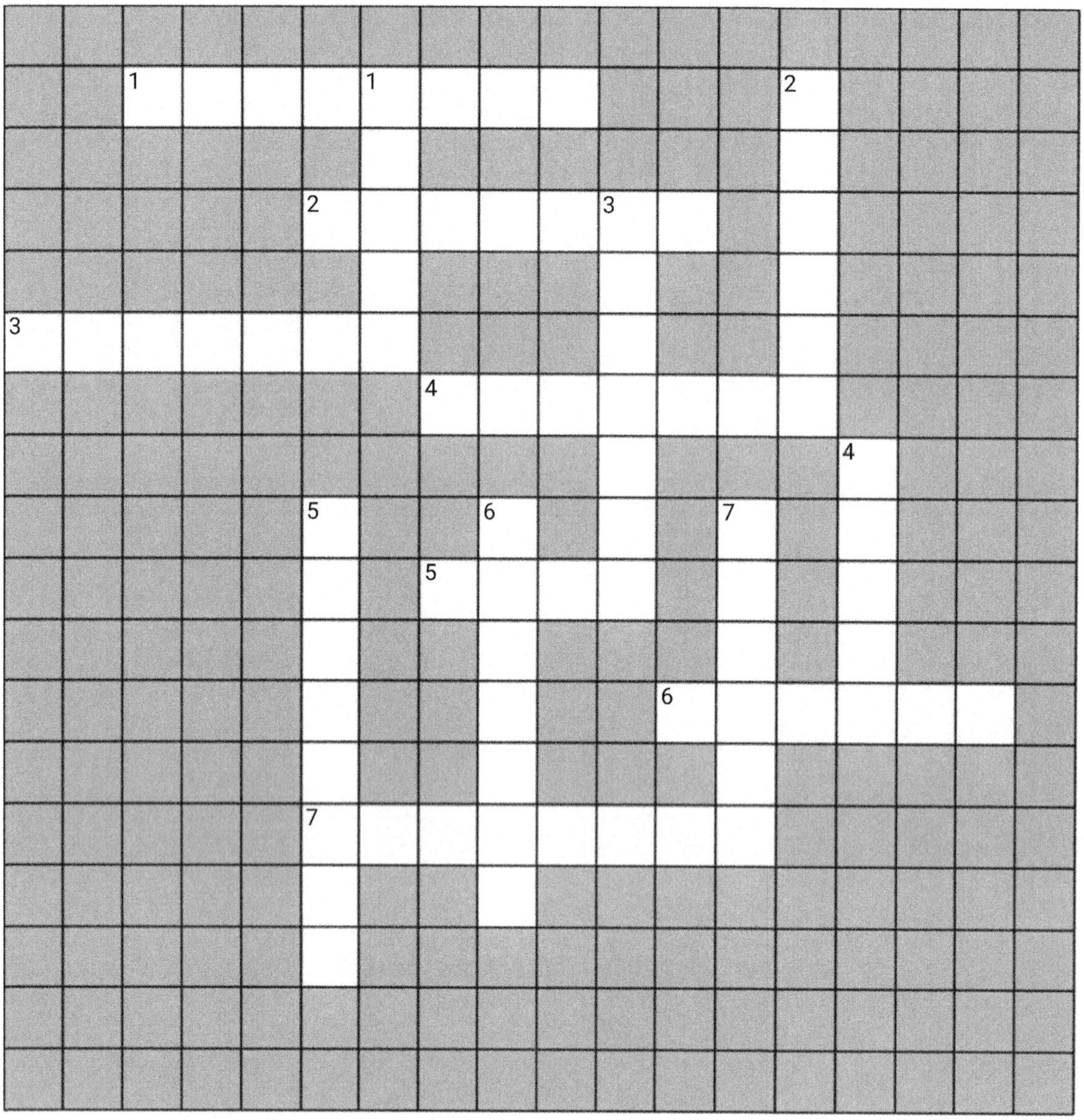

ACROSS
1. Pittsburgh
2. Dallas
3. Denver
4. Houston
5. Cleveland
6. Boston
7. Golden State

DOWN
1. Detroit
2. Kansas City
3. New York
4. Chicago
5. Seattle
6. Green Bay
7. Los Angeles

30

FAMOUS AUTHORS

FILL IN THE GRID TO MATCH THE CLUES.

ACROSS

1. "Wuthering Heights" author
2. "The Catcher in the Rye" author
3. "A Tale of Two Cities" author
4. "Brave New World" author
5. "War and Peace" author
6. "To Kill a Mockingbird" author

DOWN

1. "Lord of the Flies" author
2. "1984" author
3. "The Picture of Dorian Gray" author
4. "Crime and Punishment" author
5. "Fahrenheit 451" author
6. "The Great Gatsby" author
7. "Pride and Prejudice" author
8. "Moby-Dick" author

WORD SCRAMBLE

Embark on an engaging journey with word scramble puzzles in part 3, exploring captivating themes such as ancient civilizations, space exploration, famous inventors, art movements, and a variety of intriguing topics. Challenge your mind as you unravel scrambled words across diverse subjects and enhance your knowledge in this exciting section of the puzzle book!

ANCIENT CIVILIZATIONS

UNSCRAMBLE LETTERS TO FORM WORDS.

IARDPMY　　　　　　　_ _ _ _ _ _ _

ROAAPHH　　　　　　　_ _ _ _ _ _

YOCRLHAAGEO　　　　　_ _ _ _ _ _ _ _ _ _

CVAIIINTLIOZ　　　　　_ _ _ _ _ _ _ _ _ _ _

PHOYCSELIHGIR　　　　_ _ _ _ _ _ _ _ _ _ _ _

AMMEOPOAITS　　　　　_ _ _ _ _ _ _ _ _ _

SNUIR　　　　　　　　_ _ _ _ _

CFRITTAA　　　　　　_ _ _ _ _ _ _ _

SREBCI　　　　　　　_ _ _ _ _ _

EPSLEMT　　　　　　_ _ _ _ _ _ _

MSOTB　　　　　　　_ _ _ _ _

TTAQIINYU　　　　　_ _ _ _ _ _ _ _ _

33

SPACE EXPLORATION

UNSCRAMBLE LETTERS TO FORM WORDS.

ATUASTONR _____

XLYAAG _____

LUAENB _____

ICEEATLLS _____

REASPCTCAF _____

LSEETCEPO _____

XALEINPROTO _____

RXSETITRRELTRAEA _____

ITRBO _____

EEIRSALTRLNT _____

OSUNOAMCT _____

VGRAITY _____

FAMOUS INVENTORS

UNSCRAMBLE LETTERS TO FORM WORDS.

ENSOID _____

LATSE _____

BLEL ____

AIIVCDN __ _____

TWTA ____

IGOLLEA _____

SMORE _____

UNRGBTGEE _____

ICORANM _____

RAINKLNF _____

NEONTW _____

TIHWGR _____

ART MOVEMENTS

UNSCRAMBLE LETTERS TO FORM WORDS.

IMSRMEIPSINSO   _ _ _ _ _ _ _ _ _ _ _ _ _

UIBSCM   _ _ _ _ _ _

MIRUELARSS   _ _ _ _ _ _ _ _ _

EOARBQU   _ _ _ _ _ _ _

SARTCTBA   _ _ _ _ _ _ _ _

EPSMIXSSNEORI   _ _ _ _ _ _ _ _ _ _ _ _ _

IRSMELA   _ _ _ _ _ _ _

COCOOR   _ _ _ _ _ _

RTPOAP   _ _ _ _ _ _

MIMLISIMNA   _ _ _ _ _ _ _ _ _

IMSADAD   _ _ _ _ _ _ _

SSANANCEIER   _ _ _ _ _ _ _ _ _ _ _

36

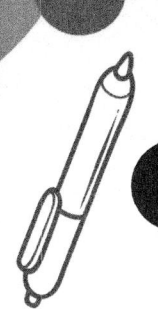

LITERARY GENRES

UNSCRAMBLE LETTERS TO FORM WORDS.

RYSEYMT   _____

NAYTASF   _____

TRLLERIH   _____

AMRCNOE   _____

NCICSEE   _____

LIOTCHRASI   _____

ONITONIFNC   _____

BOIGRPHYA   _____

TYEORP   _____

ARAMD   _____

DEVAREUTN   _____

ITRASE   _____

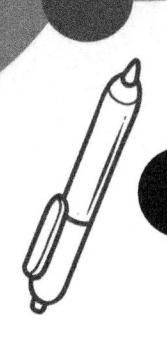

CULINARY DELIGHTS

UNSCRAMBLE LETTERS TO FORM WORDS.

RMGEUTO　　　　　　_____

NEUSICI　　　　　　_____

PZTAPRIEE　　　　　_____

PYASRT　　　　　　 _____

AICLNUYR　　　　　 _____

ÉSUAT　　　　　　 _____

GLLNIGIR　　　　　 _____

IAESNGONS　　　　　_____

CEIDACYL　　　　　 _____

STEZ　　　　　　　 ____

RMNGYOOSAT　　　　 _____

ONIIUFNS　　　　　 _____

WEATHER PHENOMENA

UNSCRAMBLE LETTERS TO FORM WORDS.

ANRODTO _ _ _ _ _ _ _

HRUAIRECN _ _ _ _ _ _ _ _ _

ZRZBALID _ _ _ _ _ _ _ _

HITLNGGNI _ _ _ _ _ _ _ _ _

UITSNAM _ _ _ _ _ _ _

MONSONO _ _ _ _ _ _ _

YEGOTROELMO _ _ _ _ _ _ _ _ _ _ _

OLCYCEN _ _ _ _ _ _ _

SAMOHILTR _ _ _ _ _ _ _ _ _

RDZIEZL _ _ _ _ _ _ _

TESEL _ _ _ _ _

UTHGROD _ _ _ _ _ _ _

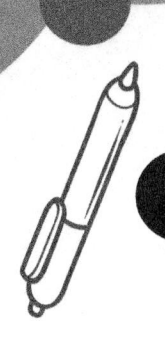

MUSIC GENRES

UNSCRAMBLE LETTERS TO FORM WORDS.

ZAZJ ____

BSEUL _____

ERGAEG _____

OIHPPH ___ ___

ALCCISASL _____

TNCUOYR _____

COKR ____

OPP ___

OFLK ____

REOENILTCC _____

RHYTMH _____

USOL ____

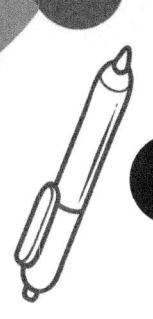

FAMOUS ARTISTS

UNSCRAMBLE LETTERS TO FORM WORDS.

CSSOPIA _ _ _ _ _ _ _

GVONGHA _ _ _ _ _ _ _

OTNME _ _ _ _ _

AELMLCEIGHNO _ _ _ _ _ _ _ _ _ _ _ _

EDTBAMNRR _ _ _ _ _ _ _ _ _

LRAWOH _ _ _ _ _ _

'FEOKEFE _'_ _ _ _ _ _ _

AILD _ _ _ _

EOHYKCN _ _ _ _ _ _ _

HKLOA _ _ _ _ _

DIONR _ _ _ _ _

LLCPOOK _ _ _ _ _ _ _

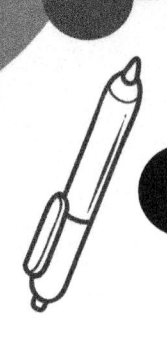

HUMAN ANATOMY

UNSCRAMBLE LETTERS TO FORM WORDS.

ONSURNE   _ _ _ _ _ _ _

NLGSU   _ _ _ _ _

LLEEKSTA   _ _ _ _ _ _ _ _

CSUSEML   _ _ _ _ _ _ _

AALCCIRAOSUVDR   _ _ _ _ _ _ _ _ _ _ _ _ _ _

ISGVDETIE   _ _ _ _ _ _ _ _ _

NOREVSU   _ _ _ _ _ _ _

IEPEDMIRS   _ _ _ _ _ _ _ _ _

DETNNOS   _ _ _ _ _ _ _

ONECEIRND   _ _ _ _ _ _ _ _ _

LREAN   _ _ _ _ _

MINCUAR   _ _ _ _ _ _ _

FILM GENRES

UNSCRAMBLE LETTERS TO FORM WORDS.

AMDRA _ _ _ _ _

MOEDCY _ _ _ _ _ _

NITCOA _ _ _ _ _ _

I-SFCI _ _ _ - _ _

RHOROR _ _ _ _ _ _

ATNSAFY _ _ _ _ _ _ _

EYSMRTY _ _ _ _ _ _ _

ILRLEHRT _ _ _ _ _ _ _ _

YNREMTCOAUD _ _ _ _ _ _ _ _ _ _ _

NMIATNOAI _ _ _ _ _ _ _ _ _

EAMCRON _ _ _ _ _ _ _

EENTUVRDA _ _ _ _ _ _ _ _ _

43

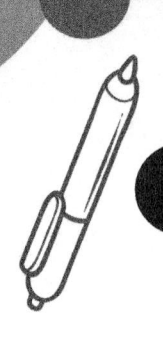

WORLD CAPITALS

UNSCRAMBLE LETTERS TO FORM WORDS.

OKOTY   _ _ _ _ _

IPSRA   _ _ _ _ _

IENLRB   _ _ _ _ _ _

CWMOSO   _ _ _ _ _ _

JNIEGBI   _ _ _ _ _ _ _

DLONNO   _ _ _ _ _ _

OMER   _ _ _ _

AIRCO   _ _ _ _ _

HIDEL   _ _ _ _ _

IRSAILBA   _ _ _ _ _ _ _ _

TWOATA   _ _ _ _ _ _

CRAEABNR   _ _ _ _ _ _ _ _

NUMBER SEARCH

Explore the challenge of Number Search Puzzles in this section, featuring 18 sets of numbers for each puzzle. Engage your mind and enjoy the thrill of discovering hidden numerical sequences.

NUMBER SEARCH #1

FIND THE NUMBERS

2	9	8	3	5	2	5	5	8	8	5	5	3	3	8	2	6	4
5	3	3	8	2	4	0	4	2	0	5	6	8	3	8	4	3	8
7	2	5	1	0	8	1	5	9	9	3	2	6	5	3	4	0	9
4	0	2	9	4	2	0	8	7	4	5	6	0	2	8	5	4	7
7	8	1	9	5	2	9	7	7	5	9	1	1	5	1	3	0	2
6	7	7	5	7	6	2	5	8	2	1	7	5	4	4	1	9	1
2	9	3	3	2	4	3	7	9	7	9	5	8	5	4	5	4	9
9	4	0	6	1	6	1	5	6	4	3	2	7	8	3	2	3	8
6	1	3	2	4	9	7	9	6	1	7	9	8	5	4	2	1	6
4	2	4	9	1	5	3	1	6	0	2	4	1	8	6	3	4	7
7	2	3	7	2	9	3	3	3	5	5	2	8	1	8	1	5	3
2	0	1	8	4	1	7	1	1	9	2	3	7	0	5	0	6	2
8	8	9	0	0	5	3	1	2	4	6	2	5	1	9	3	6	1
2	7	4	0	2	3	9	1	8	9	5	1	9	4	3	5	0	7
7	4	1	1	5	7	3	2	5	4	1	6	2	7	1	8	9	8
9	8	8	5	6	8	8	5	0	8	3	8	5	8	2	1	6	0
3	4	1	7	4	4	6	9	5	7	0	9	5	1	9	7	6	7
9	4	7	8	7	7	8	0	8	7	5	2	4	5	4	3	9	9

352545	713290	885083
381995	149780	129185
629780	754025	314565
612893	948125	014725
359193	013225	410185
100131	545875	752454

NUMBER SEARCH #2

FIND THE NUMBERS

```
4 3 1 7 9 4 6 1 5 9 9 6 0 6 9 8 8 2
6 5 9 6 9 0 1 4 7 2 5 9 3 5 1 4 5 3
4 8 8 5 2 3 1 7 1 1 0 3 3 2 8 9 2 3
4 0 5 5 1 9 1 2 1 3 3 4 8 4 0 5 4 3
2 9 8 4 4 3 9 8 0 9 2 9 0 2 7 9 4 3
7 8 8 2 4 0 6 8 9 0 8 3 6 8 5 2 2 5
8 5 9 4 5 4 3 2 5 4 6 1 8 1 2 9 2 1
9 2 3 3 1 4 5 6 5 9 5 7 5 5 5 2 1 7
3 5 6 7 0 9 4 1 4 5 7 6 3 0 2 7 7 4
5 3 6 7 5 5 7 2 9 5 5 8 7 0 4 5 8 2
5 4 5 8 2 2 4 6 7 4 6 8 0 5 8 7 6 5
2 6 2 2 5 1 3 1 4 9 7 5 1 1 2 4 6 1
4 3 3 5 7 0 3 9 9 4 6 4 0 1 5 1 0 1
3 8 2 7 4 3 1 8 0 1 6 1 0 7 8 4 3 0
8 6 6 4 1 4 3 4 4 3 4 6 7 7 7 5 6 5
1 6 3 1 2 1 3 4 1 7 2 1 7 3 4 3 0 7
2 2 6 8 6 1 1 1 0 8 0 0 4 1 6 3 4 2
0 5 1 5 3 7 2 3 2 3 5 5 7 8 9 4 6 4
```

992144   352589   621475
318945   581475   314945
017754   351453   014725
292959   314565   313312
398858   693493   410185
251105   859780   719815

NUMBER SEARCH #3

FIND THE NUMBERS

3	3	4	3	2	7	1	5	5	5	2	8	6	5	6	0	2	5
3	5	5	8	8	5	9	9	1	2	7	3	6	5	4	5	6	5
2	2	2	8	6	5	9	4	2	2	5	3	2	7	2	4	5	2
5	3	1	9	6	9	1	1	8	3	7	2	2	7	9	3	1	1
7	5	3	2	5	4	3	2	6	1	5	5	4	2	3	7	4	6
9	4	0	1	3	5	8	5	0	4	4	1	3	6	5	5	9	1
2	5	9	1	8	5	7	9	9	8	0	0	5	8	6	0	7	7
3	8	2	8	6	7	1	8	4	1	0	1	8	5	4	8	5	7
9	7	5	1	4	4	0	5	5	0	8	0	0	1	1	0	2	2
9	5	6	2	9	9	3	2	2	2	7	1	9	1	0	3	7	8
1	0	1	5	8	1	7	3	9	3	8	1	0	5	1	3	3	9
1	7	2	9	3	4	2	4	0	5	7	8	1	7	8	4	5	1
2	4	1	9	8	3	2	4	6	4	8	1	7	9	5	9	6	9
5	4	3	2	5	5	3	8	9	0	2	0	4	3	4	7	5	4
6	1	8	6	9	6	3	1	5	1	0	3	5	4	3	0	5	7
4	6	9	6	6	6	9	7	1	2	3	5	5	2	7	5	8	7
2	1	0	4	6	8	6	5	6	3	7	4	9	2	7	0	2	4
1	9	4	5	4	5	2	5	9	2	4	1	0	1	8	5	2	4

285565	453018	891947
995218	583894	410185
891947	695249	908945
014725	711940	545875
410185	130925	853122
410185	851208	354012

NUMBER SEARCH #4

FIND THE NUMBERS

2	8	4	2	5	9	6	6	6	9	2	0	3	5	3	5	4	5
4	4	5	8	5	1	5	9	2	4	3	5	0	5	4	2	8	0
9	9	4	8	2	5	8	3	5	7	5	2	6	8	4	7	6	4
0	3	9	5	4	1	3	2	4	5	2	4	2	2	4	9	2	7
6	2	2	4	5	5	4	9	6	0	7	7	0	7	5	2	3	1
1	5	8	7	8	4	8	6	9	2	2	1	0	2	7	9	4	5
8	7	9	6	1	1	8	3	3	2	5	2	2	5	2	4	3	2
3	2	5	3	3	5	0	1	4	5	2	8	0	9	5	7	5	3
3	6	1	5	9	9	3	6	1	3	0	5	6	3	5	2	5	2
5	5	5	4	5	7	6	9	6	5	5	2	0	2	1	7	5	5
4	9	5	6	5	6	1	0	7	7	7	7	8	4	2	4	1
9	9	7	5	0	8	4	4	2	8	4	7	0	2	9	5	1	0
9	2	4	2	1	5	6	5	9	4	5	9	0	3	1	2	8	6
3	6	8	2	4	3	3	2	2	4	8	7	1	6	0	9	9	2
8	6	1	1	5	2	5	5	3	9	0	6	6	8	5	0	1	3
1	9	5	3	4	0	4	1	6	3	9	0	3	8	3	9	5
9	0	4	5	1	4	5	0	7	4	5	5	0	3	9	1	1	4
7	3	5	8	3	6	2	9	3	1	3	2	5	4	3	8	1	1

853122	314425	936130
850194	613925	318947
130925	081252	353545
954958	143944	797725
908547	454105	381609
399453	792947	525409

49

NUMBER SEARCH #5

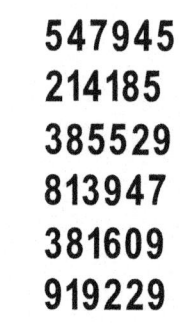

FIND THE NUMBERS

3	8	5	5	2	9	2	6	8	6	1	1	8	1	9	6	1	3
3	8	4	2	4	0	4	5	9	1	5	1	4	8	1	6	0	8
9	5	8	1	7	7	4	9	7	3	4	7	3	8	9	7	7	2
4	8	5	2	3	1	9	9	5	3	2	3	0	2	2	5	4	4
1	0	2	1	4	8	3	4	7	6	2	1	1	3	2	5	0	7
3	1	9	2	7	4	2	2	5	9	9	6	4	5	9	8	7	9
3	1	9	0	0	4	6	4	3	0	8	0	5	1	0	5	5	9
8	5	4	8	4	3	2	7	6	2	6	7	8	2	8	5	2	5
8	3	4	9	2	6	2	1	8	4	5	4	1	5	7	5	9	4
3	0	5	0	9	8	8	3	5	6	9	5	5	0	5	9	0	2
3	2	8	6	1	3	1	7	6	1	8	7	8	1	4	6	3	9
5	5	0	6	9	1	9	2	2	9	3	1	9	1	6	6	1	0
9	3	4	2	8	0	1	3	7	0	6	7	0	5	6	4	8	2
4	6	0	5	3	1	0	5	3	0	4	8	0	2	0	6	5	8
7	0	5	8	8	0	6	4	3	9	4	3	1	8	4	9	5	3
3	5	9	8	2	4	8	4	3	4	4	5	6	5	8	0	2	2
8	6	3	2	0	2	9	1	7	2	4	7	2	6	2	7	2	8
3	5	6	2	5	9	8	1	7	1	4	6	8	1	6	7	4	1

110858	251105	547945
354584	130925	214185
085449	851208	385529
459974	318495	813947
814315	965809	381609
100985	919229	919229

50

NUMBER SEARCH #6

FIND THE NUMBERS

```
3 6 8 5 1 4 1 5 3 1 4 7 7 7 0 0 3 4
9 1 3 8 5 4 8 9 8 8 7 4 1 6 5 9 1 0
4 9 6 3 2 8 5 2 1 4 2 0 4 5 0 8 7 6
4 8 5 9 1 2 0 3 9 8 8 5 4 3 4 5 8 3
1 5 9 9 1 6 0 0 6 3 5 6 4 0 3 2 6 7
2 4 2 4 9 6 3 8 8 2 6 7 2 2 6 5 7 1
5 4 5 5 9 1 1 0 9 4 9 4 0 3 6 3 2 4
4 6 2 3 2 2 3 3 3 9 1 6 2 2 2 3 4 2
1 7 0 7 7 3 1 1 5 5 9 2 8 3 6 5 5 1
2 8 5 8 2 6 3 4 4 7 2 0 7 1 1 7 5 2
1 3 4 1 1 5 8 9 5 9 1 5 5 4 5 3 6 9
7 9 1 7 4 4 2 1 3 1 0 4 9 2 0 5 9 0
5 3 8 9 0 9 4 1 6 5 5 4 4 1 5 6 8 3
9 9 3 8 4 0 8 0 2 1 0 2 5 9 5 8 2 8
5 5 4 1 5 1 7 3 5 0 1 5 6 2 8 2 8 7
2 3 4 0 5 1 5 4 9 6 4 5 5 7 1 8 5 4
0 2 7 8 6 8 6 4 3 3 5 6 8 8 8 2 2 9
3 5 7 9 5 7 1 5 2 2 3 7 2 2 2 4 1 1
```

459974	681558	452121
130947	399453	359393
394531	913854	350558
957152	051549	314219
252956	613925	352589
492945	712145	299112

51

NUMBER SEARCH #7

FIND THE NUMBERS

9	9	3	7	2	1	2	3	7	4	0	9	6	1	7	7	1	7
2	7	2	4	6	5	3	9	6	4	8	5	3	1	9	4	5	6
9	9	4	3	2	3	4	1	4	2	5	2	9	9	8	7	6	2
9	0	1	1	5	8	5	1	2	6	7	2	4	7	4	1	4	8
0	8	8	9	5	9	1	4	3	7	8	5	3	0	8	9	5	4
3	0	9	9	2	5	8	9	0	9	9	1	2	9	1	0	4	9
1	1	1	4	3	2	1	5	0	1	5	6	2	9	4	3	8	7
0	5	7	0	8	3	9	3	4	0	2	4	5	0	5	1	7	9
0	6	6	6	1	4	3	2	7	9	9	6	5	0	2	2	5	0
8	3	2	5	2	1	9	2	7	6	7	2	3	2	4	4	8	9
5	7	7	8	3	0	4	3	9	2	6	3	9	6	4	1	1	1
7	6	7	0	0	6	5	6	0	8	3	9	1	9	9	4	0	8
6	7	8	9	5	9	3	5	6	8	2	0	3	8	8	7	1	6
2	1	9	1	3	1	9	5	1	3	6	6	7	0	4	9	4	5
2	3	6	6	2	6	2	9	7	8	0	1	9	0	6	9	8	5
4	1	6	6	5	5	3	1	1	0	4	8	3	9	6	5	1	5
2	7	2	5	2	0	1	3	1	1	4	3	5	7	3	4	1	1
2	8	1	3	5	5	1	0	4	9	0	3	6	5	3	9	4	0

459974	497909	549731
319513	354012	894425
381609	935493	051958
629780	081252	225539
410185	785308	394947
616625	919229	619085

NUMBER SEARCH #8

FIND THE NUMBERS

5	6	0	6	2	8	3	5	3	5	9	5	9	0	2	2	5	4
9	5	7	3	2	5	2	4	5	1	5	1	5	2	8	4	5	4
1	0	3	4	8	1	9	9	4	0	4	3	8	6	0	6	3	4
8	6	1	1	0	1	7	1	0	9	6	5	7	7	9	7	6	9
2	1	0	3	8	8	4	9	0	5	1	0	3	4	9	4	8	8
8	1	6	3	6	9	5	2	9	8	8	9	5	9	0	2	1	9
4	3	1	4	1	9	9	2	9	5	3	8	4	3	4	8	9	0
5	9	8	5	1	0	9	9	3	6	1	1	5	5	5	9	2	5
2	0	6	5	3	7	7	2	0	5	5	8	0	9	7	3	2	8
0	4	5	5	1	1	4	6	0	0	0	9	9	2	0	1	5	2
2	1	8	4	1	0	5	5	1	1	8	1	3	8	3	5	4	5
2	2	2	3	4	3	5	1	0	5	5	2	1	5	5	5	2	9
5	6	4	3	1	8	5	1	2	1	4	8	8	3	8	4	1	4
1	6	2	2	8	2	0	9	3	9	3	5	4	9	3	2	4	8
8	7	9	8	8	9	8	9	1	6	4	6	1	6	2	6	9	1
9	2	9	8	5	1	5	8	1	6	3	5	7	5	2	3	7	3
9	9	5	3	3	8	4	9	6	8	5	5	7	6	2	6	1	4
5	8	6	4	3	2	1	9	4	5	4	1	2	2	6	0	5	1

853965	901369	385105
545093	149715	459974
859315	251105	953947
658590	621409	919229
410185	892589	318495
818905	935493	852350

NUMBER SEARCH #9

FIND THE NUMBERS

5	1	7	0	1	0	2	0	6	3	1	1	2	9	6	0	9	5
0	1	5	7	7	9	2	8	8	4	4	8	2	0	0	7	0	6
8	0	3	3	4	2	9	9	3	2	5	1	1	0	5	7	8	3
1	0	1	2	6	9	3	5	7	8	7	0	5	0	2	5	1	0
9	6	6	1	6	8	8	1	5	1	3	4	4	0	1	2	5	0
2	6	9	8	6	6	6	0	2	5	8	5	1	3	9	3	8	2
9	3	6	6	1	6	0	8	4	6	3	5	3	5	5	2	0	3
2	4	8	2	9	1	2	2	8	5	5	6	5	4	9	9	1	0
8	9	3	5	6	3	5	3	1	4	0	3	5	1	5	8	4	6
1	5	8	0	8	1	5	1	9	2	3	2	2	7	4	4	9	2
9	8	2	5	9	4	4	9	0	3	5	1	4	4	1	9	5	9
5	8	4	3	2	8	9	1	9	3	5	5	9	6	0	5	4	1
2	0	9	3	5	2	6	5	4	1	2	9	1	9	1	7	4	9
6	8	8	7	1	0	9	5	5	2	3	5	2	0	1	2	5	7
9	5	1	3	7	4	3	0	2	4	9	2	4	4	5	1	0	3
5	9	3	7	8	0	4	1	3	5	8	9	1	9	5	9	0	3
6	6	6	5	6	4	9	9	7	5	1	6	3	8	6	7	1	0
1	0	3	2	4	6	4	2	4	5	1	3	6	6	8	3	1	3

081929	969359	352545
251105	314494	654129
954450	689409	954101
851809	952695	985229
298495	852350	285565
610058	385849	314219

NUMBER SEARCH #10

FIND THE NUMBERS

1	2	4	8	0	6	0	1	5	1	8	5	1	4	3	9	9	0
3	6	9	6	8	8	4	9	9	0	5	2	9	5	5	8	6	1
8	9	9	9	3	3	0	5	6	1	9	9	5	2	2	5	1	7
3	6	8	0	1	7	6	2	8	5	1	3	5	3	4	2	7	3
0	6	5	8	6	1	9	6	9	9	8	1	6	3	4	5	1	6
3	1	2	3	9	3	2	4	4	5	5	6	3	8	1	3	1	4
9	6	7	3	1	2	5	6	0	1	4	0	8	6	9	4	5	9
0	0	3	2	9	6	2	1	9	1	8	6	1	7	4	4	6	5
1	4	8	8	4	1	7	1	2	2	5	6	5	3	2	5	5	9
4	2	5	9	5	6	4	5	9	9	7	4	3	4	9	3	0	8
1	9	9	0	3	5	6	8	1	6	3	1	1	5	7	3	0	5
9	7	3	3	2	6	9	2	2	6	8	1	4	1	0	1	6	8
5	7	5	4	9	5	5	9	2	4	8	5	5	6	7	2	4	9
5	6	5	1	2	2	3	2	8	5	0	1	0	0	2	5	6	3
9	5	4	5	4	4	2	8	9	6	1	5	3	5	9	8	4	3
4	1	5	9	5	0	5	1	5	9	8	6	1	5	9	3	6	5
7	8	8	6	8	5	3	1	4	0	5	8	4	6	9	6	4	3
5	2	5	4	8	7	7	3	3	0	8	2	1	3	1	4	2	4

352589	354919	289425
455425	613925	855259
581958	314058	459974
654392	712256	685059
915038	858959	689409
299112	914425	681359

NUMBER SEARCH #11

FIND THE NUMBERS

2	3	2	3	3	3	7	5	6	8	5	4	6	5	6	8	0	3
0	8	8	5	1	1	9	6	6	0	5	1	6	5	0	2	0	7
5	7	4	2	7	8	2	5	0	9	4	8	8	5	0	8	3	6
4	0	8	6	4	9	9	1	7	5	5	4	6	2	5	3	9	7
2	1	9	4	8	4	4	6	5	2	9	4	1	3	1	9	3	3
0	2	4	6	5	5	7	7	7	5	6	3	0	8	2	0	7	9
5	8	1	7	4	1	5	3	5	8	1	7	3	9	9	5	9	7
1	0	9	9	3	5	4	5	9	1	4	8	2	6	3	5	0	1
9	3	2	5	3	4	7	1	8	5	3	2	6	4	9	7	4	2
1	8	3	4	4	5	9	3	2	5	5	9	3	4	8	3	5	0
2	2	3	9	6	4	0	4	7	8	2	5	1	5	5	3	2	3
8	8	4	5	1	5	1	3	9	3	9	5	7	2	2	3	1	3
1	3	5	5	1	1	5	1	5	1	9	3	4	0	1	1	0	7
4	8	5	5	3	2	8	7	8	2	2	4	1	0	1	8	5	1
2	1	0	0	6	6	0	5	5	1	5	6	6	6	4	7	2	1
1	7	8	9	4	5	8	2	2	2	6	4	6	4	2	8	9	4
7	2	2	6	4	3	0	8	1	9	3	5	5	6	4	3	7	7
2	5	3	7	2	0	0	5	4	2	1	6	5	8	9	3	1	8

258939	051650	285565
352545	085109	941319
885083	985229	219150
012540	318945	489419
385819	285565	410185
935459	329669	792947

NUMBER SEARCH #12

FIND THE NUMBERS

```
6 3 0 3 0 9 5 6 9 9 5 7 7 0 9 1 1 1
5 6 6 1 4 0 2 3 6 7 4 3 8 1 7 5 4 6
4 5 7 9 3 6 1 3 0 8 4 7 5 9 9 9 7 6
9 4 9 1 6 2 5 1 4 1 9 2 0 3 8 6 6 1
6 6 1 5 8 4 3 5 4 4 5 1 4 1 5 0 5 3
5 0 0 8 1 5 2 8 1 9 6 4 3 4 5 8 6 9
6 9 1 5 2 4 9 5 2 2 7 8 1 3 3 5 5 2
9 2 4 4 1 7 9 0 1 4 9 1 4 8 4 0 0 5
3 3 4 5 5 0 8 3 1 5 1 9 4 5 2 9 6 4
1 1 3 2 6 8 5 6 9 3 0 7 6 3 3 7 7 4
6 7 8 2 0 5 6 9 9 1 5 6 9 3 8 2 5 3
5 1 1 3 0 1 6 4 2 0 9 4 6 9 2 5 6 6
9 8 9 9 6 6 6 7 8 0 1 3 3 3 3 7 8 7
4 7 2 1 0 5 4 7 6 1 6 1 3 8 1 9 5 2
0 1 5 8 3 1 4 6 5 3 1 9 1 1 4 2 6 3
5 0 2 3 7 9 7 5 5 1 6 4 9 9 2 7 5 6
0 9 1 7 6 9 6 3 6 8 1 5 1 9 1 4 4 7
1 0 3 9 5 4 0 1 4 1 1 6 2 5 9 6 3 3
```

936130	614425	149780
659405	654913	954014
085165	721054	314219
143858	100131	299112
381995	299856	613925
318941	713290	353585

SUDOKU

Welcome to Part 5 of our puzzle book, where you'll dive into a captivating world of Sudoku challenges.

From easy brain teasers to more challenging puzzles, this section promises a delightful journey for Sudoku enthusiasts of all levels. Sharpen your mind and enjoy the satisfying twists each grid has in store for you!

SUDOKU - EASY

FILL THE GRID WITH NUMBERS 1-9.

Sudoku # 1

		5				7	8	9
	9		4		6			5
		4	3			1		
3				9			7	6
9	2	1	7	6		5	3	
7	6				9		5	3
	1	3	8					
2		9		7	3			1

Sudoku # 2

2		5			8	1		
8			9	1	5			
7	1	6					5		8
		7						2
	2			3			4	
	6	9			4	1		
6		2	3	5		4	8	
5							2	
9	8			1	6	2		5

Sudoku # 3

			5	2		9	8	1
8					1	6		
9		7	8	6		2		
		2		7	5			
		6	1			2	3	
5						1		
3	8	4		5	9	7		
2				1		8		4
	7				8	5		9

Sudoku # 4

				5				3
1		8		3				
	6	7	9		1		4	
		4			1	8		5	7
7	5							
	2	3	7		5	1	6	
6	5				2		8	4
		2	1					6
			7		2	9		

59

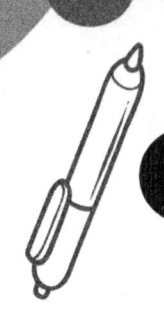

SUDOKU - MEDIUM

FILL THE GRID WITH NUMBERS 1-9.

Sudoku # 5

	9			7	4		5	
	7			1		8		
1				5	4			3
			4					
	1	3		9				
	5		1			3	6	
	9		5					
	3	8				7		
			8		1	3	6	

Sudoku # 6

8						3		
5				9				1
3	9					7	6	
6		3	5	7				2
4				3	6		5	
					9			
2								8
		6	2		7	5	4	
						6		

Sudoku # 7

	5	4						2
	8	5		7		4		
			3		6		1	
	3	2			1	6		
					9			
	7	4		1	3			5
1	8	9				5		
5		7						8

Sudoku # 8

9							4	1
		5	8	6			9	
2	1							
								7
4		3		7	5			
	5	1		4	8			9
	6	4		1	7		8	
8		9	5					
						9		5

60

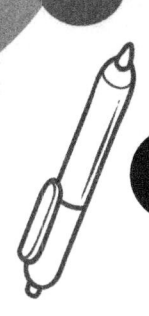

SUDOKU - HARD

FILL THE GRID WITH NUMBERS 1-9.

Sudoku # 9

7				2	8	3		
6				9		5		
			7		5	9	2	
	4	6	9					
5		2		4			9	
				7				
				2		8	4	
	7	5						
2							7	

Sudoku # 10

4		8					9	
			8	9				6
3				7		2		
					6		3	7
	4			2		9	6	
			4					
8							1	
	2	6	4	1		5		
6				2				

Sudoku # 11

2	8		1				7	
3					8			
	6			4		1		
	1	6						
	4			7				
	7		3		2		6	
			7		4			
1		3	2		6		5	
7		1		5				

Sudoku # 12

				8		4		
		3		2			9	
6		4			3			
7				5	1			
3		1				6		
	4				9			
	8	6	1			5		
5	6		3	9				
	2		5				8	

61

MAZES

Embark on an exciting journey as you navigate through intricate Mazes in Part 6 of our puzzle book.

Challenge yourself to guide the path from the starting point to the shining star at the end.

Get ready for a maze-solving adventure!

MAZES

NAVIGATE MAZE FROM START TO END.

Maze #1

Maze #2

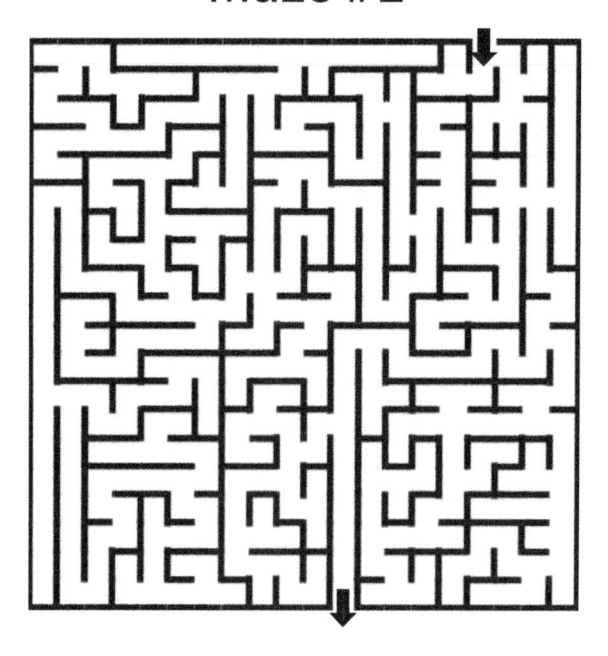

Maze #3

Maze #4

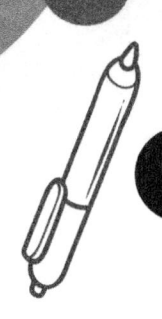

MAZES

NAVIGATE MAZE FROM START TO END.

Maze #5

Maze #6

Maze #7

Maze #8

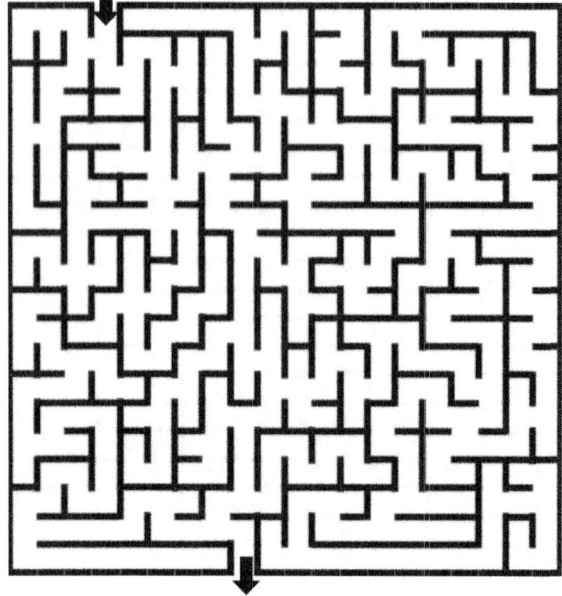

MAZES

NAVIGATE MAZE FROM START TO END.

Maze #9

Maze #10

Maze #11

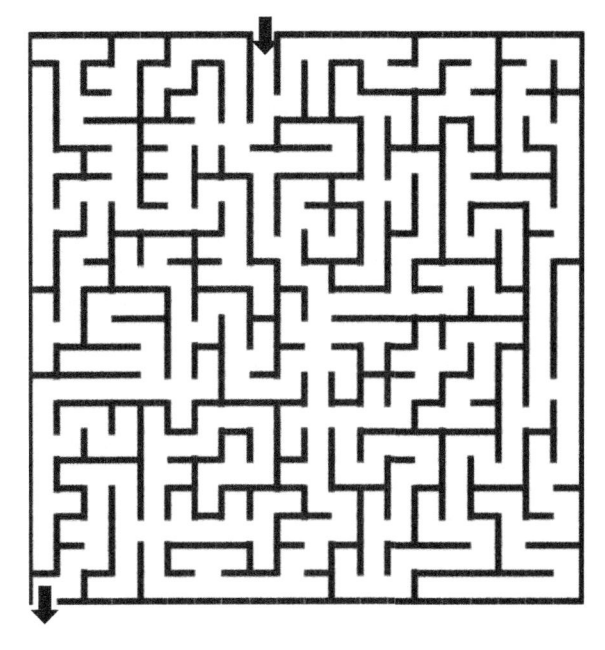

Maze #12

TRIVIA

Welcome to part 7 of our puzzle book, where you'll delve into the world of trivia across various captivating topics. Test your knowledge on famous landmarks, science and technology, literature and authors, and much more. For each topic, you'll find 4 intriguing questions with 4 suggestions each. Get ready to challenge yourself and explore the depths of your trivia expertise!

FAMOUS LANDMARKS

CHECK THE CORRECT RESPONSES FROM THE GIVEN CHOICES.

Q1: What is the capital of France?
- ○ A. Rome
- ○ B. Paris
- ○ C. Berlin
- ○ D. Madrid

Q2: Where is the Statue of Liberty located?
- ○ A. New York
- ○ B. San Francisco
- ○ C. Washington D.C.
- ○ D. Chicago

Q3: What ancient wonder was located in Egypt?
- ○ A. Hanging Gardens
- ○ B. Colossus of Rhodes
- ○ C. Pyramids of Giza
- ○ D. Temple of Artemis

Q4: Which city is home to the Christ the Redeemer statue?
- ○ A. Rio de Janeiro
- ○ B. Buenos Aires
- ○ C. Lima
- ○ D. Santiago

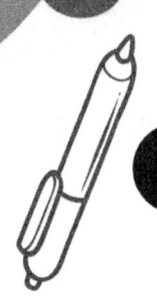

SCIENCE AND TECHNOLOGY

CHECK THE CORRECT RESPONSES FROM THE GIVEN CHOICES.

Q1: What does DNA stand for?
- ○ A. Deoxyribonucleic Acid
- ○ B. Dihydrogen Monoxide
- ○ C. Digital Network Architecture
- ○ D. Dual Nucleotide Assembly

Q2: Which planet is known as the Red Planet?
- ○ A. Venus
- ○ B. Mars
- ○ C. Jupiter
- ○ D. Saturn

Q3: What does CPU stand for in computing?
- ○ A. Central Processing Unit
- ○ B. Computer Programming Unit
- ○ C. Central Peripheral Unit
- ○ D. Control Processing Unit

Q4: Who is often called the "Father of Computer Science"?
- ○ A. Alan Turing
- ○ B. Bill Gates
- ○ C. Steve Jobs
- ○ D. Mark Zuckerberg

LITERATURE AND AUTHORS

CHECK THE CORRECT RESPONSES FROM THE GIVEN CHOICES.

Q1: Who wrote "Romeo and Juliet"?
- ○ A. Charles Dickens
- ○ B. William Shakespeare
- ○ C. Jane Austen
- ○ D. Mark Twain

Q2: What is the first book in the Harry Potter series?
- ○ A. Harry Potter and the Chamber of Secrets
- ○ B. Harry Potter and the Philosopher's Stone
- ○ C. Harry Potter and the Prisoner of Azkaban
- ○ D. Harry Potter and the Goblet of Fire

Q3: Who wrote "To Kill a Mockingbird"?
- ○ A. J.K. Rowling
- ○ B. Harper Lee
- ○ C. George Orwell
- ○ D. Ernest Hemingway

Q4: Which famous author wrote "1984"?
- ○ A. George Orwell
- ○ B. Aldous Huxley
- ○ C. Ray Bradbury
- ○ D. J.R.R. Tolkien

WORLD GEOGRAPHY

CHECK THE CORRECT RESPONSES FROM THE GIVEN CHOICES.

Q1: What is the largest continent by land area?
- ○ A. Africa
- ○ B. Europe
- ○ C. Asia
- ○ D. North America

Q2: Which river is the longest in the world?
- ○ A. Nile
- ○ B. Amazon
- ○ C. Mississippi
- ○ D. Yangtze

Q3: In which ocean is the Bermuda Triangle located?
- ○ A. Pacific Ocean
- ○ B. Atlantic Ocean
- ○ C. Indian Ocean
- ○ D. Southern Ocean

Q4: What is the capital city of Australia?
- ○ A. Sydney
- ○ B. Canberra
- ○ C. Melbourne
- ○ D. Brisbane

MUSIC AND ARTISTS

CHECK THE CORRECT RESPONSES FROM THE GIVEN CHOICES.

Q1: Who is known as the "King of Pop"?
- A. Prince
- B. Michael Jackson
- C. Elvis Presley
- D. Madonna

Q2: British band famous for 'Bohemian Rhapsody'?
- A. The Rolling Stones
- B. The Beatles
- C. Queen
- D. Led Zeppelin

Q3: Who is the lead vocalist of the band U2?
- A. Bono
- B. Chris Martin
- C. Mick Jagger
- D. Freddie Mercury

Q4: What instrument does Yo-Yo Ma play?
- A. Piano
- B. Violin
- C. Cello
- D. Trumpet

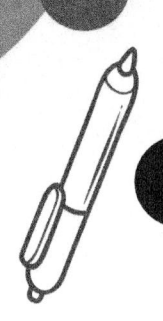

FILM AND CINEMA

CHECK THE CORRECT RESPONSES FROM THE GIVEN CHOICES.

Q1: Who directed the movie "Inception"?
- ○ A. Christopher Nolan
- ○ B. Quentin Tarantino
- ○ C. Steven Spielberg
- ○ D. Martin Scorsese

Q2: Film where Humphrey Bogart said, 'Here's looking at you, kid'?
- ○ A. Casablanca
- ○ B. The Maltese Falcon
- ○ C. The Big Sleep
- ○ D. To Have and Have Not

Q3: Who won the Academy Award for Best Actress in 2020?
- ○ A. Charlize Theron
- ○ B. Scarlett Johansson
- ○ C. Renée Zellweger
- ○ D. Saoirse Ronan

Q4: What animated film features a lion cub named Simba?
- ○ A. Finding Nemo
- ○ B. The Lion King
- ○ C. Shrek
- ○ D. Toy Story

HISTORICAL EVENTS

CHECK THE CORRECT RESPONSES FROM THE GIVEN CHOICES.

Q1: In which year did the Titanic sink?
- A. 1905
- B. 1912
- C. 1920
- D. 1931

Q2: Who was the first President of the United States?
- A. John Adams
- B. Thomas Jefferson
- C. George Washington
- D. James Madison

Q3: Which war was fought from 1939 to 1945?
- A. World War I
- B. Korean War
- C. Vietnam War
- D. World War II

Q4: What was the Renaissance a rebirth of?
- A. Science
- B. Art and Learning
- C. Religion
- D. Exploration

SPORTS AND ATHLETES

CHECK THE CORRECT RESPONSES FROM THE GIVEN CHOICES.

Q1: Who holds the record for the most Olympic gold medals?
- A. Usain Bolt
- B. Michael Phelps
- C. Simone Biles
- D. Serena Williams

Q2: In which country did the sport of soccer originate?
- A. Brazil
- B. England
- C. Italy
- D. Spain

Q3: Who is considered the greatest basketball player of all time?
- A. Kobe Bryant
- B. LeBron James
- C. Michael Jordan
- D. Shaquille O'Neal

Q4: In which city were the first modern Olympic Games held?
- A. Athens
- B. Rome
- C. Paris
- D. London

FOOD AND CUISINE

CHECK THE CORRECT RESPONSES FROM THE GIVEN CHOICES.

Q1: What is the main ingredient in guacamole?
- A. Tomatoes
- B. Avocado
- C. Onions
- D. Peppers

Q2: Which country is famous for its sushi?
- A. China
- B. Japan
- C. Thailand
- D. South Korea

Q3: What is the primary ingredient in hummus?
- A. Chickpeas
- B. Lentils
- C. Black Beans
- D. Kidney Beans

Q4: What is the traditional pasta of Italy?
- A. Fusilli
- B. Penne
- C. Spaghetti
- D. Rigatoni

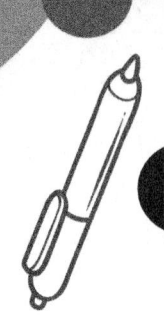

POP CULTURE

CHECK THE CORRECT RESPONSES FROM THE GIVEN CHOICES.

Q1: Who is known as the "Queen of Pop"?
- ○ A. Lady Gaga
- ○ B. Madonna
- ○ C. Beyoncé
- ○ D. Taylor Swift

Q2: What is the fictional wizarding school in Harry Potter?
- ○ A. Hogwarts School of Witchcraft and Wizardry
- ○ B. Beauxbatons Academy of Magic
- ○ C. Durmstrang Institute
- ○ D. Ilvermorny School of Witchcraft and Wizardry

Q3: Who played Jack Dawson in the movie Titanic?
- ○ A. Leonardo DiCaprio
- ○ B. Brad Pitt
- ○ C. Tom Cruise
- ○ D. Johnny Depp

Q4: In which TV series would you find the character Walter White?
- ○ A. Breaking Bad
- ○ B. The Sopranos
- ○ C. Game of Thrones
- ○ D. The Walking Dead

HEALTH AND WELLNESS

CHECK THE CORRECT RESPONSES FROM THE GIVEN CHOICES.

Q1: What is the recommended daily water intake for adults?
- ○ A. 1 liter
- ○ B. 2 liters
- ○ C. 3 liters
- ○ D. 4 liters

Q2: Which vitamin is known as the "sunshine vitamin"?
- ○ A. Vitamin A
- ○ B. Vitamin C
- ○ C. Vitamin D
- ○ D. Vitamin E

Q3: What is the most common source of protein in a vegetarian diet?
- ○ A. Tofu
- ○ B. Quinoa
- ○ C. Lentils
- ○ D. Eggs

Q4: How many hours of sleep is recommended for adults each night?
- ○ A. 4-6 hours
- ○ B. 6-8 hours
- ○ C. 8-10 hours
- ○ D. 10-12 hours

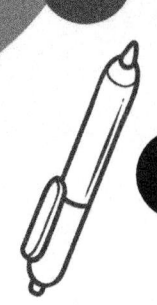

SPACE AND ASTRONOMY

CHECK THE CORRECT RESPONSES FROM THE GIVEN CHOICES.

Q1: Which planet is known as the "Red Planet"?
- A. Mars
- B. Venus
- C. Jupiter
- D. Saturn

Q2: What is the largest moon in our solar system?
- A. Europa
- B. Titan
- C. Ganymede
- D. Io

Q3: Who was the first human to orbit the Earth?
- A. Yuri Gagarin
- B. Neil Armstrong
- C. John Glenn
- D. Buzz Aldrin

Q4: What telescope did NASA launch in 1990?
- A. Kepler Space Telescope
- B. Hubble Space Telescope
- C. Chandra X-ray Observatory
- D. James Webb Space Telescope

SOLUTIONS

Gardening

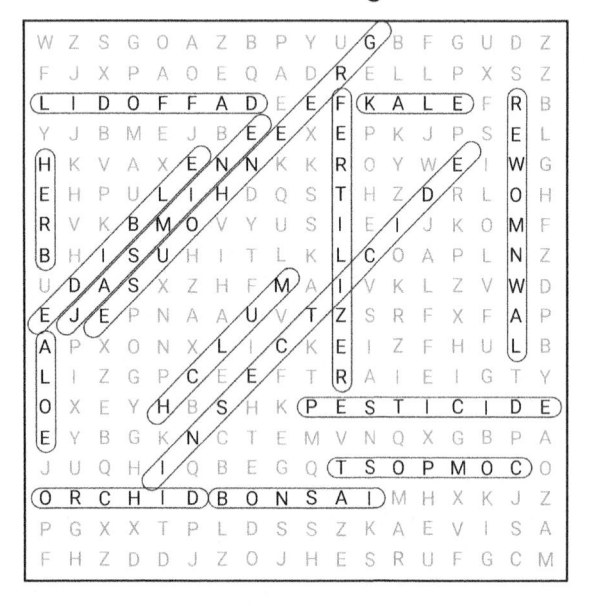

Cooking

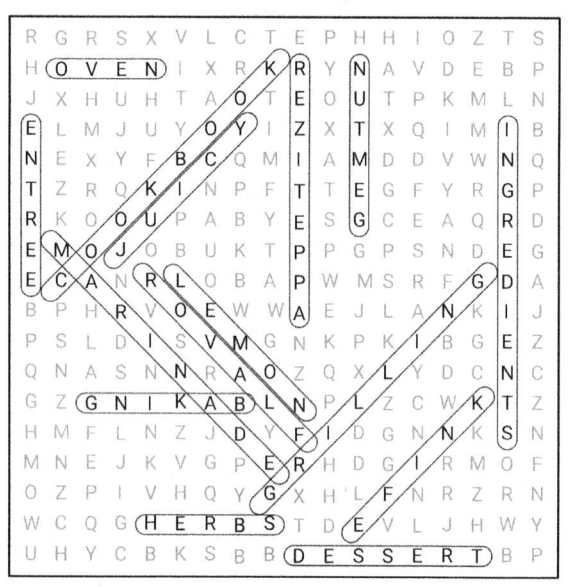

Reading

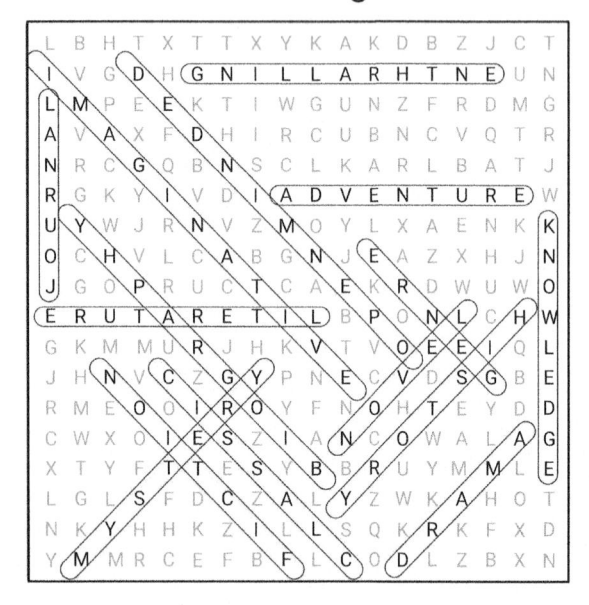

Crosswords

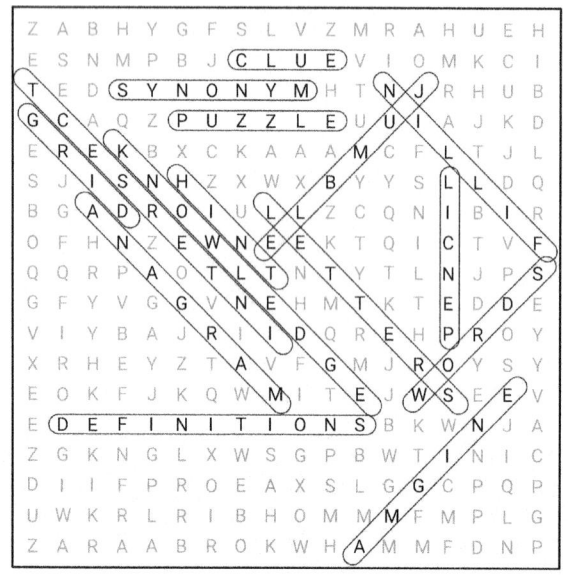

80

Painting

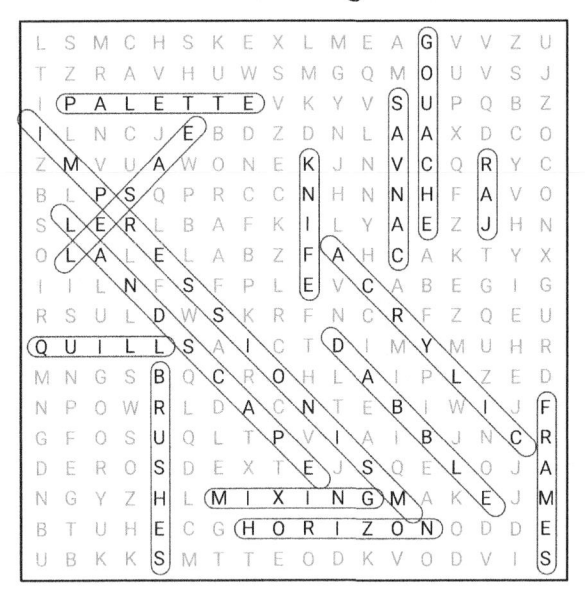

Photography

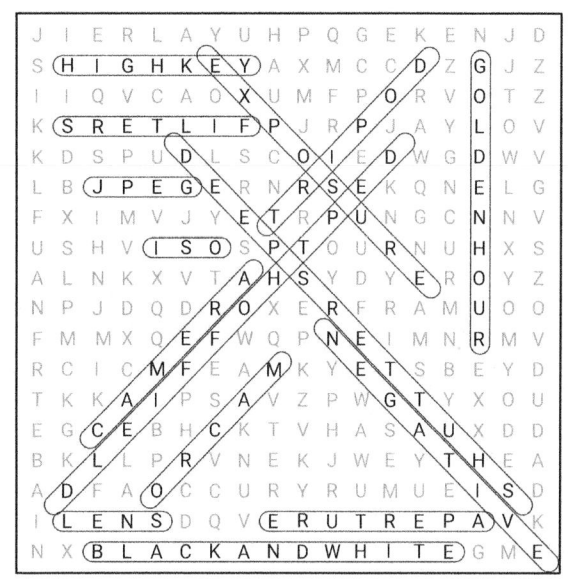

Knitting

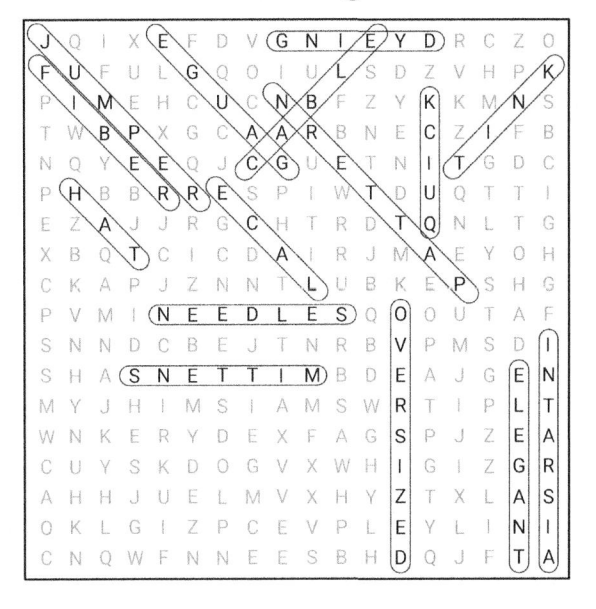

Fishing

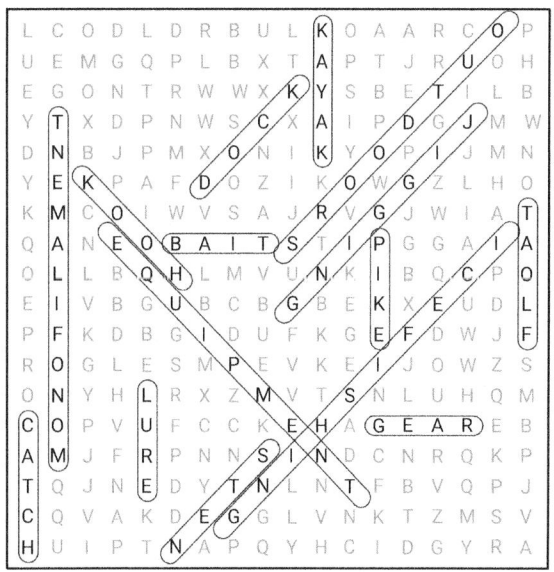

Music

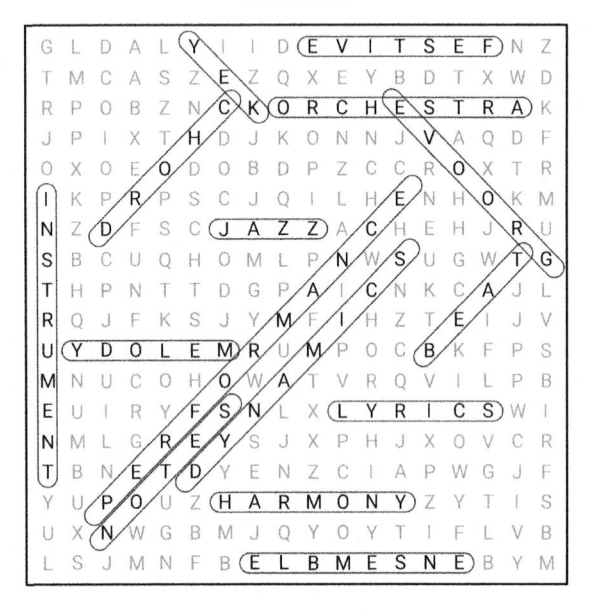

Travel

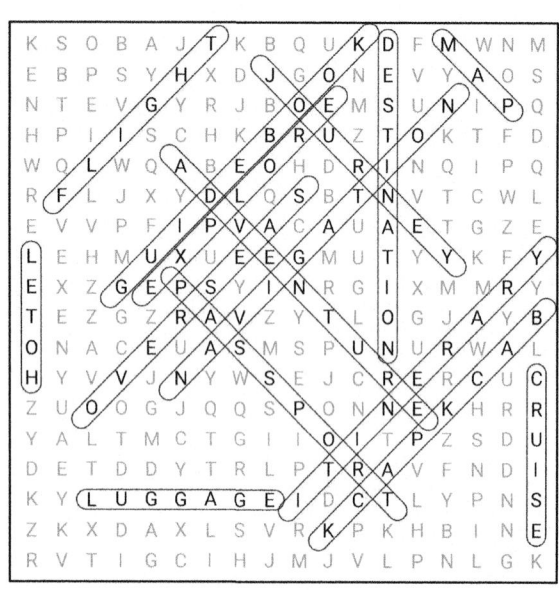

Crafts

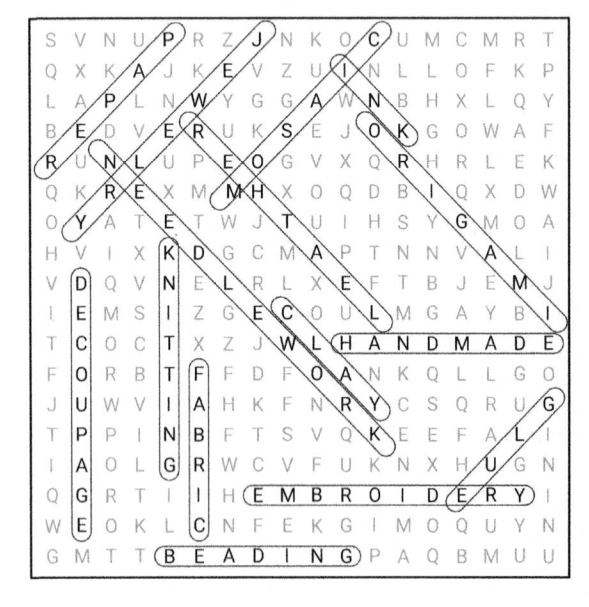

Chess

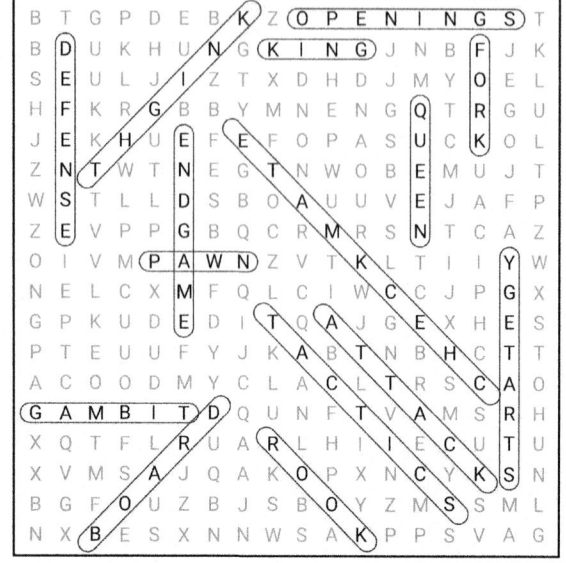

Classical Literature

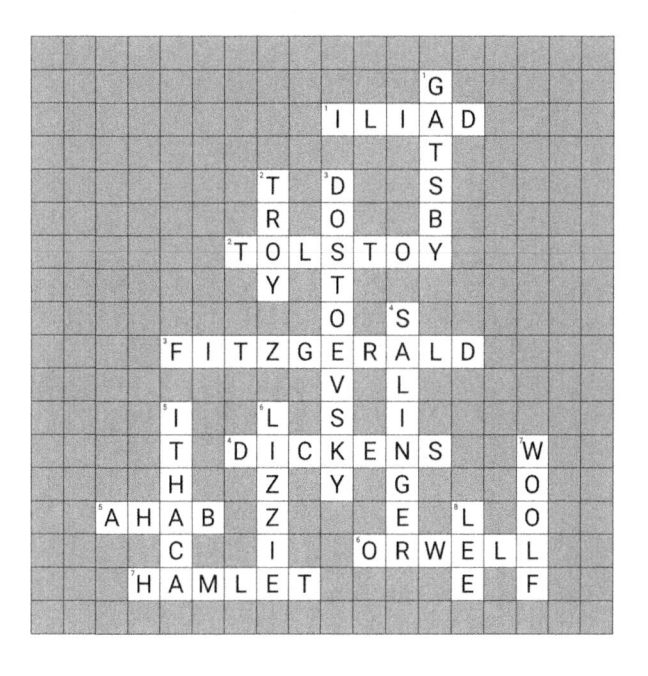

Mythological Creatures

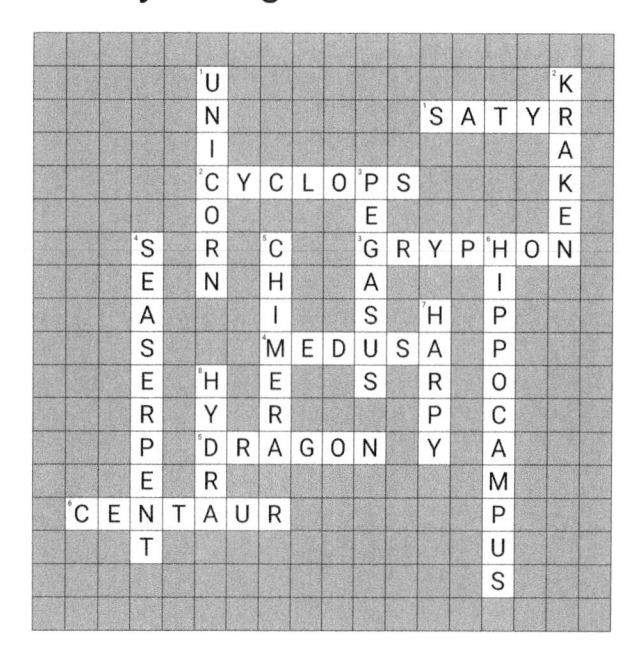

Scientific Discoveries

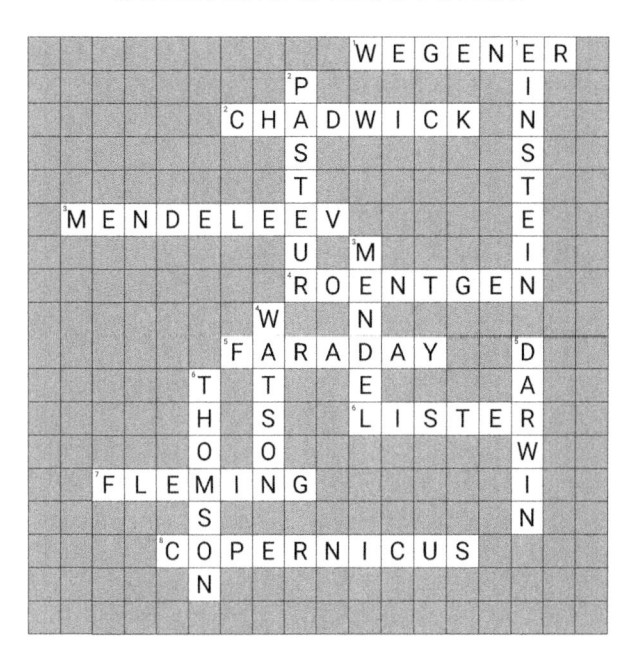

Movie Genres

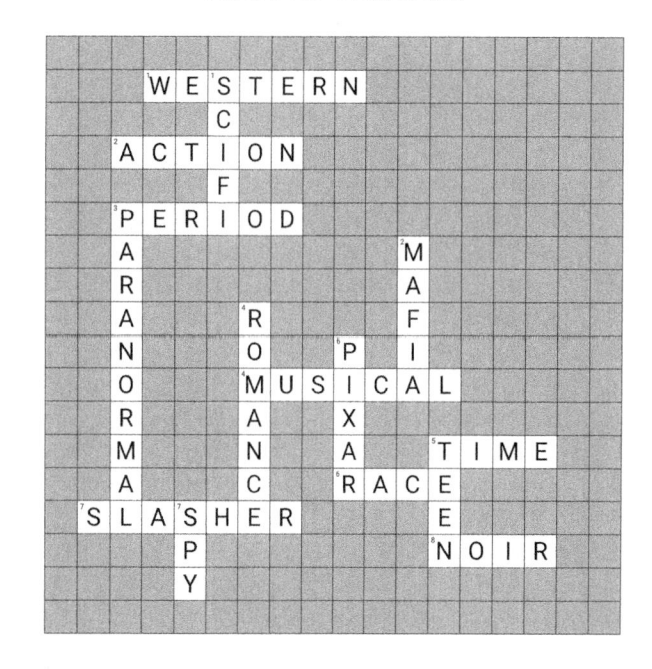

Famous Paintings

									³R		
	²K				W	O	O	D	E		
	L		⁴V			H			N		
	I		A		²P	I	C	A	S	S	O
	M	U	N	C	H		S			I	
	T		G				T			R	
			⁴B	O	T	T	I	C	E	L	L	I
			G				E				
			H			⁵V	E	R	M	E	E	R
				⁶D				O			
				A				N			
			⁶V	E	L	Á	Z	Q	U	E	Z
				Í				T			

Musical Instruments

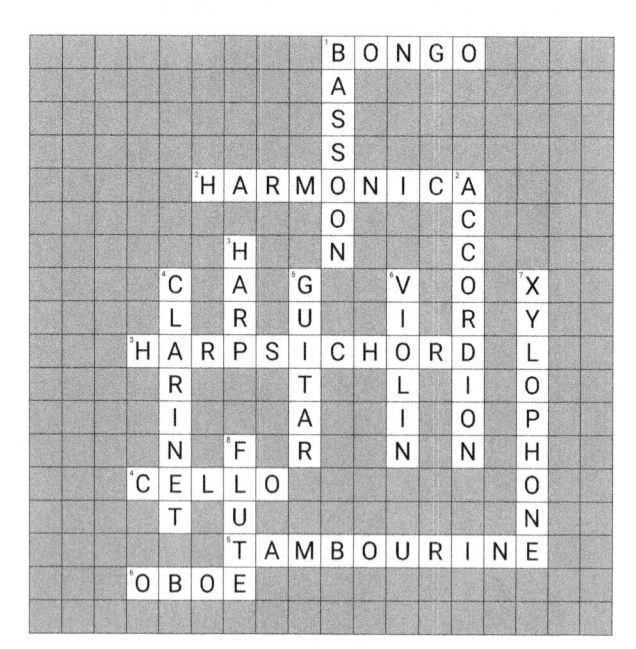

						¹B	O	N	G	O	
						A					
						S					
						S					
			²H	A	R	M	O	N	I	C	A
						O				C	
			³H			N				C	
		⁴C	A	R	⁵G		V		⁷X
		L			U		I		Y
³H	A	R	P	S	I	C	H	O	R	D	L
		I			T		L		O
		N			A		I		P
		N	⁶F		R		N		H
⁴C	E	L	L	O					O
		T	U						N
			⁵T	A	M	B	O	U	R	I	N	E
⁶O	B	O	E						

Historical Events

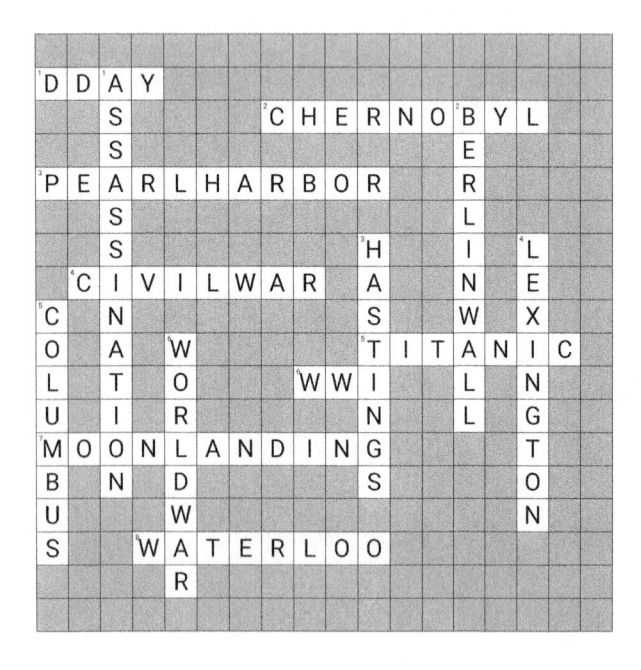

¹D	D	¹A	Y							
		S			²C	H	E	R	N	O	³B	Y	L
		S						E		
³P	E	A	R	L	H	A	R	B	O	R
		S						L		
		S		³H			I		⁴L
	⁴C	I	V	I	L	W	A	R		N		E
⁵C		N		A			S			W		X
O		A	W		⁵T	I	T	A	N	I	C
L		T	O			N		L		N
U		I	R		W	W	I	N		L
⁷M	O	O	N	L	A	N	D	I	N	G	S		T
B		N	D					S			O
U			W								N
S		⁸W	A	T	E	R	L	O	O
		R						

Types of Cuisine

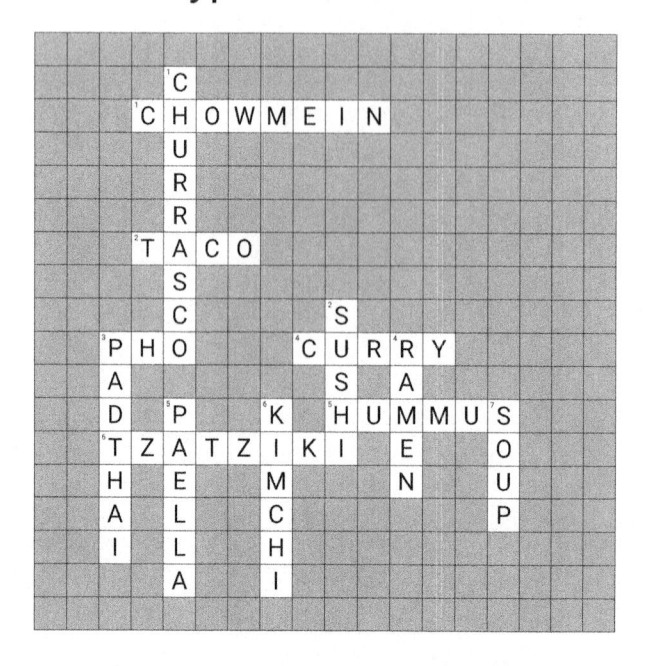

			¹C							
¹C	H	O	W	M	E	I	N			
			U							
			R							
			R							
		²T	A	C	O					
			S							
			C			³S				
	³P	H	O		⁴C	U	R	R	Y
A						S		A	
D		⁵P		⁶K		H	U	M	M	U	⁷S
⁸T	Z	A	T	Z	I	K	I		E		O
H		E		M					N		U
A		L		C							P
I		L		H						
		A		I						

Famous Landmarks

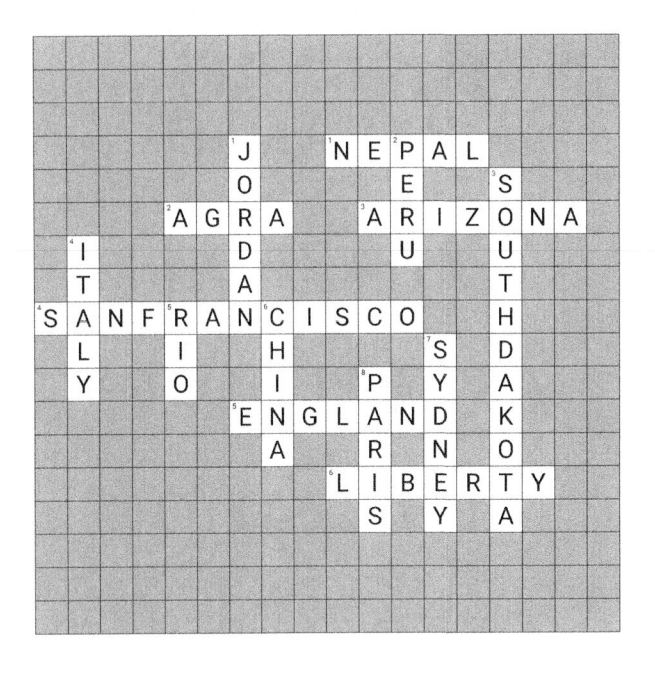

Classical Mythology

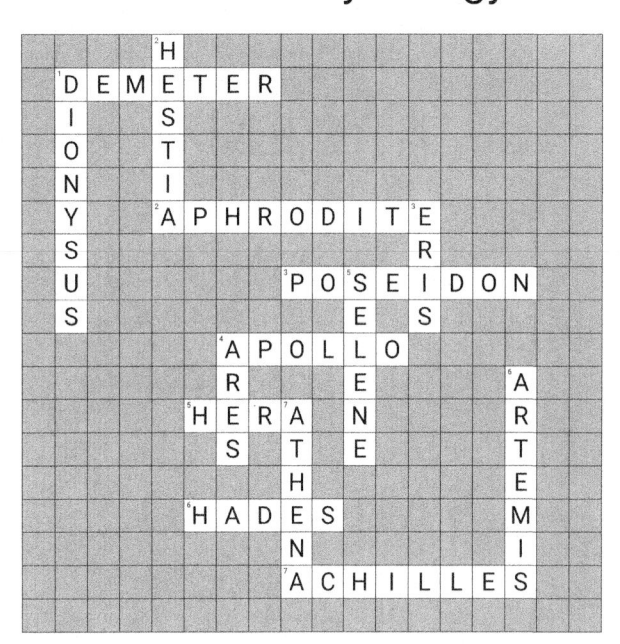

Sports Teams

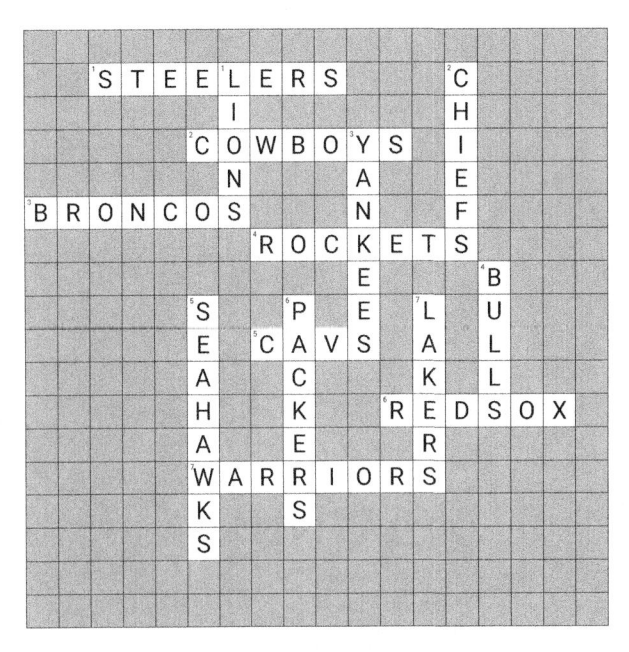

Famous Authors

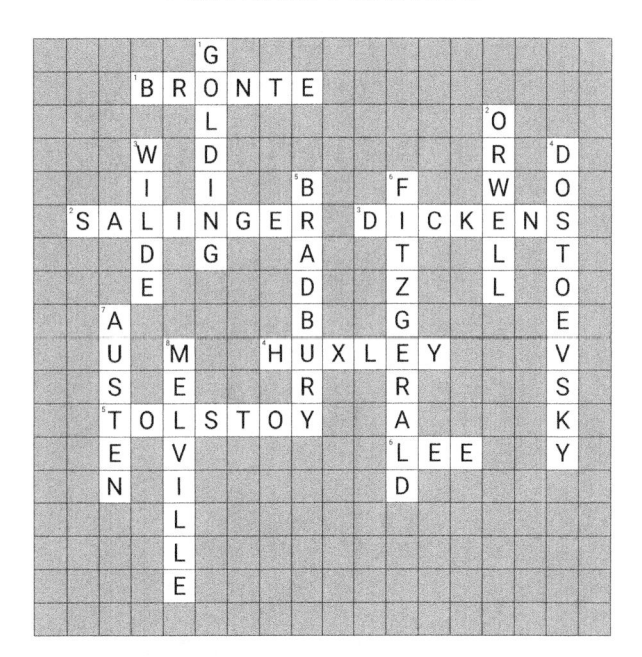

Ancient Civilizations

IARDPMY	=	PYRAMID
ROAAPHH	=	PHARAOH
YOCRLHAAGEO	=	ARCHAEOLOGY
CVAIIINTLIOZ	=	CIVILIZATION
PHOYCSELIHGIR	=	HIEROGLYPHICS
AMMEOPOAITS	=	MESOPOTAMIA
SNUIR	=	RUINS
CFRITTAA	=	ARTIFACT
SREBCI	=	SCRIBE
EPSLEMT	=	TEMPLES
MSOTB	=	TOMBS
TTAQIINYU	=	ANTIQUITY

Space Exploration

ATUASTONR	=	ASTRONAUT
XLYAAG	=	GALAXY
LUAENB	=	NEBULA
ICEEATLLS	=	CELESTIAL
REASPCTCAF	=	SPACECRAFT
LSEETCEPO	=	TELESCOPE
XALEINPROTO	=	EXPLORATION
RXSETITRRELTRAEA	=	EXTRATERRESTRIAL
ITRBO	=	ORBIT
EEIRSALTRLNT	=	INTERSTELLAR
OSUNOAMCT	=	COSMONAUT
VGRAITY	=	GRAVITY

Famous Inventors

ENSOID	=	EDISON
LATSE	=	TESLA
BLEL	=	BELL
AIIVCDN	=	DA VINCI
TWTA	=	WATT
IGOLLEA	=	GALILEO
SMORE	=	MORSE
UNRGBTGEE	=	GUTENBERG
ICORANM	=	MARCONI
RAINKLNF	=	FRANKLIN
NEONTW	=	NEWTON
TIHWGR	=	WRIGHT

Art Movements

IMSRMEIPSINSO	=	IMPRESSIONISM
UIBSCM	=	CUBISM
MIRUELARSS	=	SURREALISM
EOARBQU	=	BAROQUE
SARTCTBA	=	ABSTRACT
EPSMIXSSNEORI	=	EXPRESSIONISM
IRSMELA	=	REALISM
COCOOR	=	ROCOCO
RTPOAP	=	POP ART
MIMLISIMNA	=	MINIMALISM
IMSADAD	=	DADAISM
SSANANCEIER	=	RENAISSANCE

Literary Genres

RYSEYMT	=	MYSTERY
NAYTASF	=	FANTASY
TRLLERIH	=	THRILLER
AMRCNOE	=	ROMANCE
NCICSEE	=	SCIENCE
LIOTCHRASI	=	HISTORICAL
ONITONIFNC	=	NONFICTION
BOIGRPHYA	=	BIOGRAPHY
TYEORP	=	POETRY
ARAMD	=	DRAMA
DEVAREUTN	=	ADVENTURE
ITRASE	=	SATIRE

Culinary Delights

RMGEUTO	=	GOURMET
NEUSICI	=	CUISINE
PZTAPRIEE	=	APPETIZER
PYASRT	=	PASTRY
AICLNUYR	=	CULINARY
ÉSUAT	=	SAUTÉ
GLLNIGIR	=	GRILLING
IAESNGONS	=	SEASONING
CEIDACYL	=	DELICACY
STEZ	=	ZEST
RMNGYOOSAT	=	GASTRONOMY
ONIIUFNS	=	INFUSION

Weather Phenomena

ANRODTO	=	TORNADO
HRUAIRECN	=	HURRICANE
ZRZBALID	=	BLIZZARD
HITLNGGNI	=	LIGHTNING
UITSNAM	=	TSUNAMI
MONSONO	=	MONSOON
YEGOTROELMO	=	METEOROLOGY
OLCYCEN	=	CYCLONE
SAMOHILTR	=	HAILSTORM
RDZIEZL	=	DRIZZLE
TESEL	=	SLEET
UTHGROD	=	DROUGHT

Music Genres

ZAZJ	=	JAZZ
BSEUL	=	BLUES
ERGAEG	=	REGGAE
OIHPPH	=	HIP HOP
ALCCISASL	=	CLASSICAL
TNCUOYR	=	COUNTRY
COKR	=	ROCK
OPP	=	POP
OFLK	=	FOLK
REOENILTCC	=	ELECTRONIC
RHYTMH	=	RHYTHM
USOL	=	SOUL

Famous Artists

CSSOPIA	=	PICASSO
GVONGHA	=	VAN GOGH
OTNME	=	MONET
AELMLCEIGHNO	=	MICHELANGELO
EDTBAMNRR	=	REMBRANDT
LRAWOH	=	WARHOL
'FEOKEFE	=	O'KEEFFE
AILD	=	DALI
EOHYKCN	=	HOCKNEY
HKLOA	=	KAHLO
DIONR	=	RODIN
LLCPOOK	=	POLLOCK

Human Anatomy

ONSURNE	=	NEURONS
NLGSU	=	LUNGS
LLEEKSTA	=	SKELETAL
CSUSEML	=	MUSCLES
AALCCIRAOSUVDR	=	CARDIOVASCULAR
ISGVDETIE	=	DIGESTIVE
NOREVSU	=	NERVOUS
IEPEDMIRS	=	EPIDERMIS
DETNNOS	=	TENDONS
ONECEIRND	=	ENDOCRINE
LREAN	=	RENAL
MINCUAR	=	CRANIUM

Film Genres

AMDRA	=	DRAMA
MOEDCY	=	COMEDY
NITCOA	=	ACTION
I-SFCI	=	SCI-FI
RHOROR	=	HORROR
ATNSAFY	=	FANTASY
EYSMRTY	=	MYSTERY
ILRLEHRT	=	THRILLER
YNREMTCOAUD	=	DOCUMENTARY
NMIATNOAI	=	ANIMATION
EAMCRON	=	ROMANCE
EENTUVRDA	=	ADVENTURE

World Capitals

OKOTY	=	TOKYO
IPSRA	=	PARIS
IENLRB	=	BERLIN
CWMOSO	=	MOSCOW
JNIEGBI	=	BEIJING
DLONNO	=	LONDON
OMER	=	ROME
AIRCO	=	CAIRO
HIDEL	=	DELHI
IRSAILBA	=	BRASILIA
TWOATA	=	OTTAWA
CRAEABNR	=	CANBERRA

Number Search #1

Number Search #2

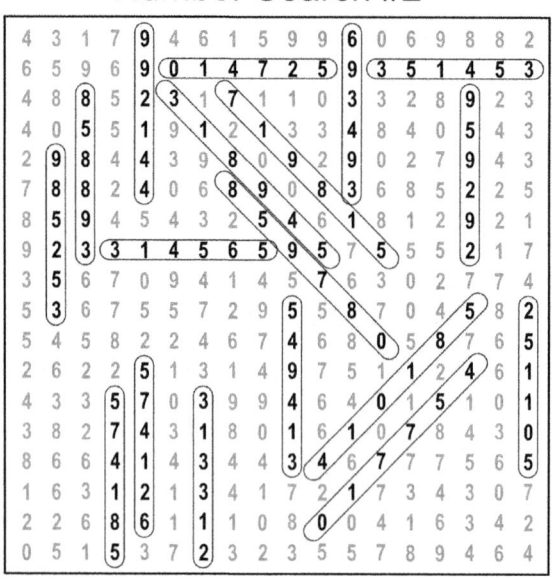

Number Search #3

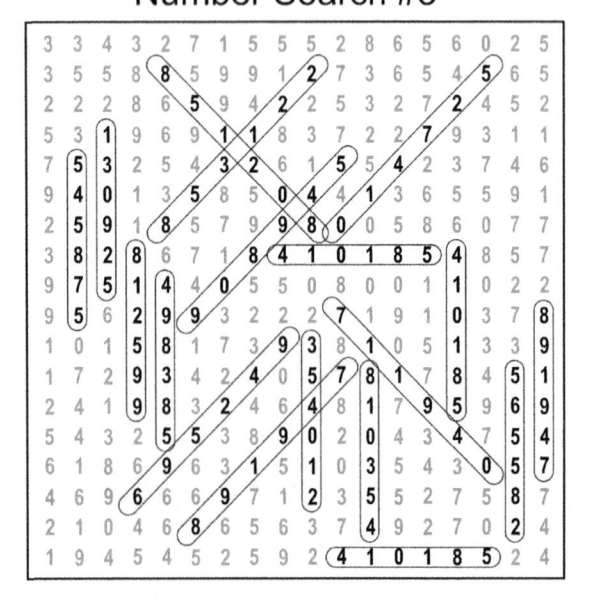

Number Search #4

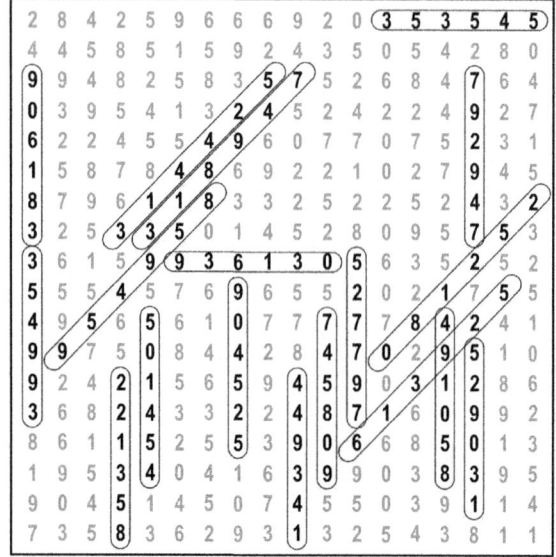

Number Search #5

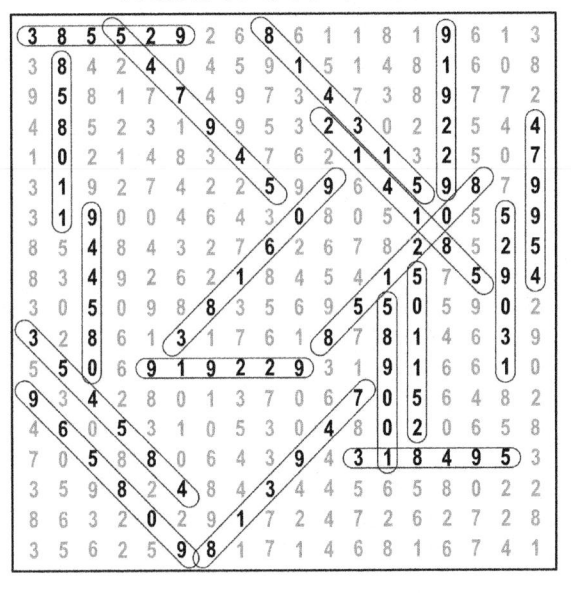

Number Search #6

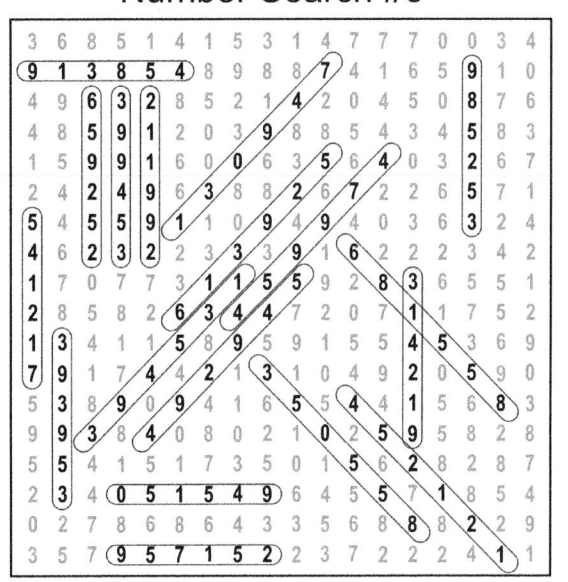

Number Search #7

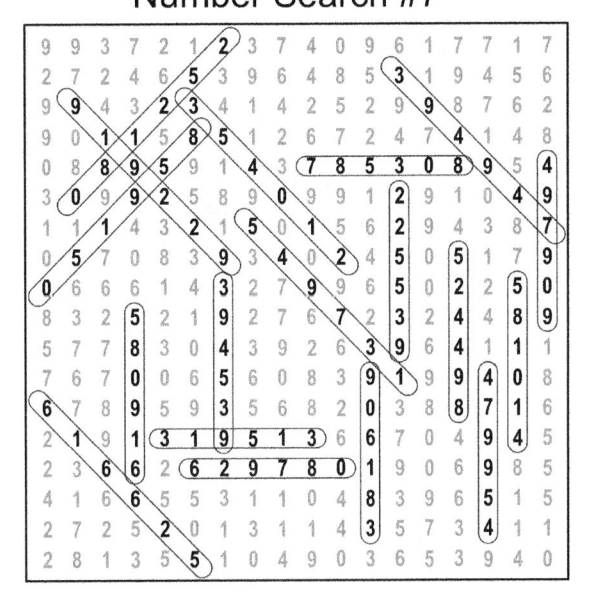

Number Search #8

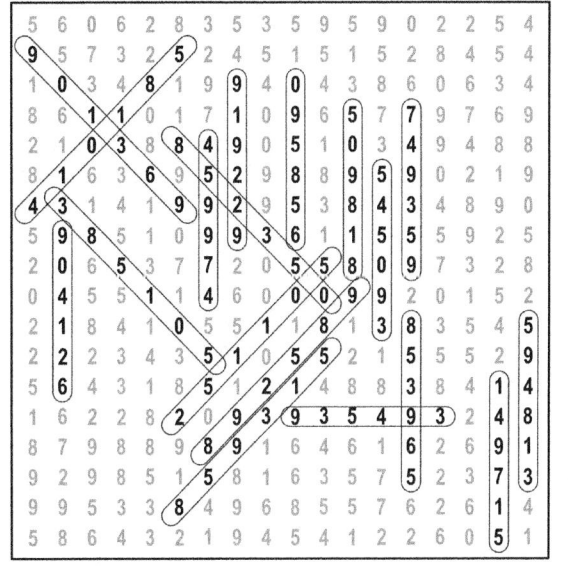

Number Search #9

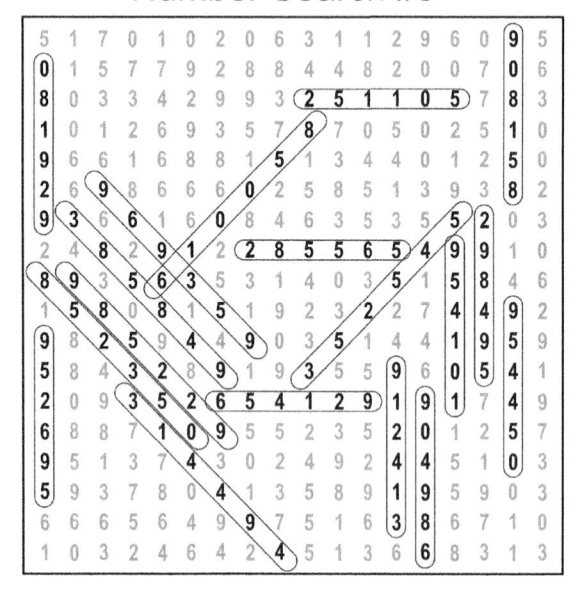

Number Search #10

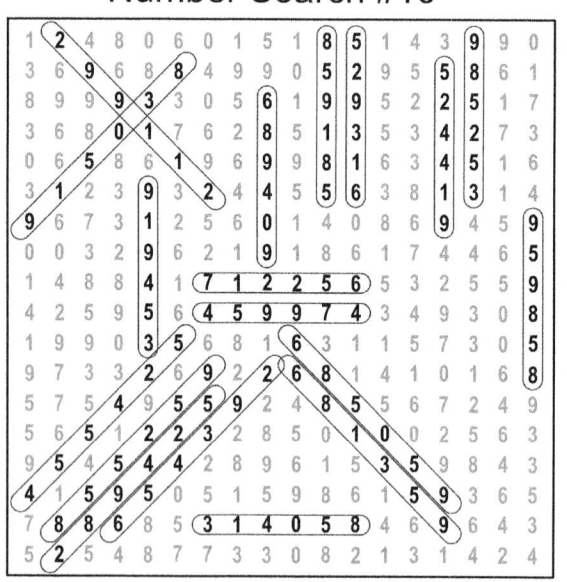

Number Search #11

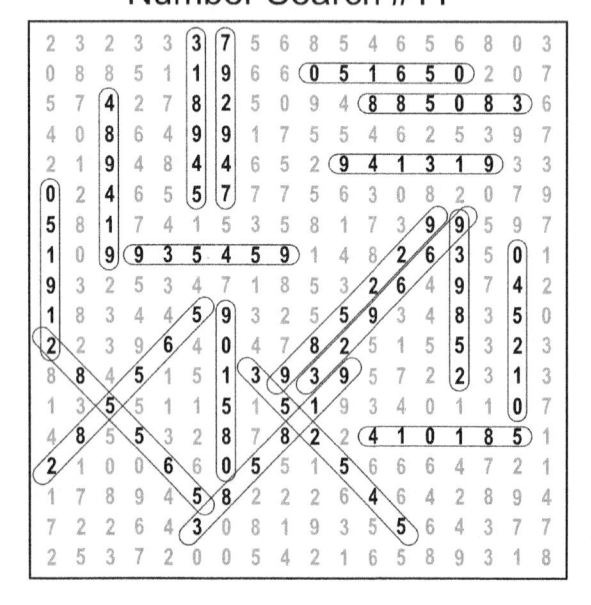

Number Search #12

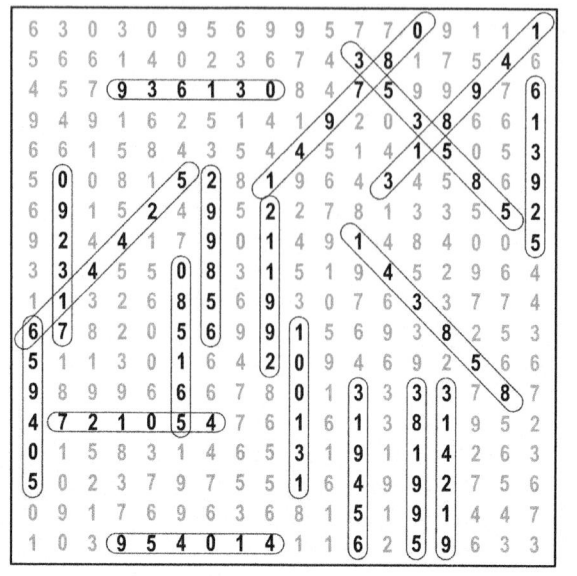

Sudoku # 1

5	3	2	9	8	7	6	1	4
1	4	6	5	3	2	7	8	9
8	9	7	4	1	6	3	2	5
6	7	4	3	5	8	1	9	2
3	8	5	2	9	1	4	7	6
9	2	1	7	6	4	5	3	8
7	6	8	1	4	9	2	5	3
4	1	3	8	2	5	9	6	7
2	5	9	6	7	3	8	4	1

Sudoku # 2

2	9	5	6	7	8	1	3	4
8	4	3	9	1	5	6	2	7
7	1	6	4	2	3	5	9	8
4	5	7	8	9	6	3	1	2
1	2	8	5	3	7	9	4	6
3	6	9	2	4	1	8	7	5
6	7	2	3	5	9	4	8	1
5	3	1	7	8	4	2	6	9
9	8	4	1	6	2	7	5	3

Sudoku # 3

4	6	3	5	2	7	9	8	1
8	2	5	3	9	1	6	4	7
9	1	7	8	6	4	2	5	3
1	3	2	9	7	5	4	6	8
7	4	6	1	8	2	3	9	5
5	9	8	6	4	3	1	7	2
3	8	4	2	5	9	7	1	6
2	5	9	7	1	6	8	3	4
6	7	1	4	3	8	5	2	9

Sudoku # 4

2	8	9	4	5	7	6	1	3
5	1	4	8	6	3	9	7	2
3	6	7	9	2	1	8	4	5
9	4	6	2	1	8	3	5	7
1	7	5	6	3	9	4	2	8
8	2	3	7	4	5	1	6	9
6	5	1	3	9	2	7	8	4
7	9	2	1	8	4	5	3	6
4	3	8	5	7	6	2	9	1

Sudoku # 5

3	6	9	2	8	7	4	1	5
5	4	7	9	3	1	6	8	2
1	8	2	6	5	4	7	9	3
8	7	6	3	4	5	9	2	1
2	1	3	7	9	6	8	5	4
9	5	4	1	2	8	3	6	7
7	9	1	5	6	3	2	4	8
6	3	8	4	1	2	5	7	9
4	2	5	8	7	9	1	3	6

Sudoku # 6

8	6	1	7	5	2	3	9	4
5	4	7	6	9	3	2	8	1
3	9	2	4	1	8	7	6	5
6	8	3	5	7	4	9	1	2
4	2	9	1	3	6	8	5	7
1	7	5	8	2	9	4	3	6
2	3	4	9	6	5	1	7	8
9	1	6	2	8	7	5	4	3
7	5	8	3	4	1	6	2	9

Sudoku # 7

3	9	5	4	6	1	7	8	2
6	1	8	5	2	7	3	4	9
7	4	2	9	3	8	6	5	1
8	5	3	2	7	9	1	6	4
2	6	1	8	5	4	9	7	3
9	7	4	6	1	3	8	2	5
1	8	9	7	4	2	5	3	6
4	3	6	1	8	5	2	9	7
5	2	7	3	9	6	4	1	8

Sudoku # 8

9	8	6	7	5	2	3	4	1
3	4	5	8	6	1	7	9	2
2	1	7	3	9	4	5	6	8
6	9	8	1	2	3	4	5	7
4	2	3	9	7	5	8	1	6
7	5	1	6	4	8	2	3	9
5	6	4	2	1	7	9	8	3
8	7	9	5	3	6	1	2	4
1	3	2	4	8	9	6	7	5

Sudoku # 9

7	5	9	6	2	8	3	4	1
6	2	3	4	9	1	5	7	8
4	1	8	7	3	5	9	2	6
8	4	6	9	5	3	7	1	2
5	7	2	1	4	6	8	9	3
3	9	1	2	8	7	4	6	5
9	6	5	3	7	2	1	8	4
1	8	7	5	6	4	2	3	9
2	3	4	8	1	9	6	5	7

Sudoku # 10

4	7	8	2	5	6	1	9	3
1	2	5	8	9	3	7	4	6
3	9	6	1	7	4	2	8	5
2	8	1	9	6	5	4	3	7
5	4	7	3	2	8	9	6	1
9	6	3	4	1	7	5	2	8
8	5	4	7	3	9	6	1	2
7	3	2	6	4	1	8	5	9
6	1	9	5	8	2	3	7	4

Sudoku # 11

2	9	8	5	1	3	4	6	7
3	1	4	7	9	6	5	8	2
5	7	6	2	8	4	3	1	9
9	3	1	6	7	2	8	5	4
6	8	2	4	5	9	7	3	1
4	5	7	8	3	1	2	9	6
8	2	5	9	6	7	1	4	3
1	4	9	3	2	8	6	7	5
7	6	3	1	4	5	9	2	8

Sudoku # 12

2	3	1	5	9	8	7	4	6
4	5	7	3	6	2	8	1	9
6	9	8	4	7	1	3	2	5
7	6	9	2	4	5	1	8	3
3	2	5	1	8	9	4	6	7
8	1	4	7	3	6	5	9	2
9	8	3	6	1	7	2	5	4
5	4	6	8	2	3	9	7	1
1	7	2	9	5	4	6	3	8

Maze #1

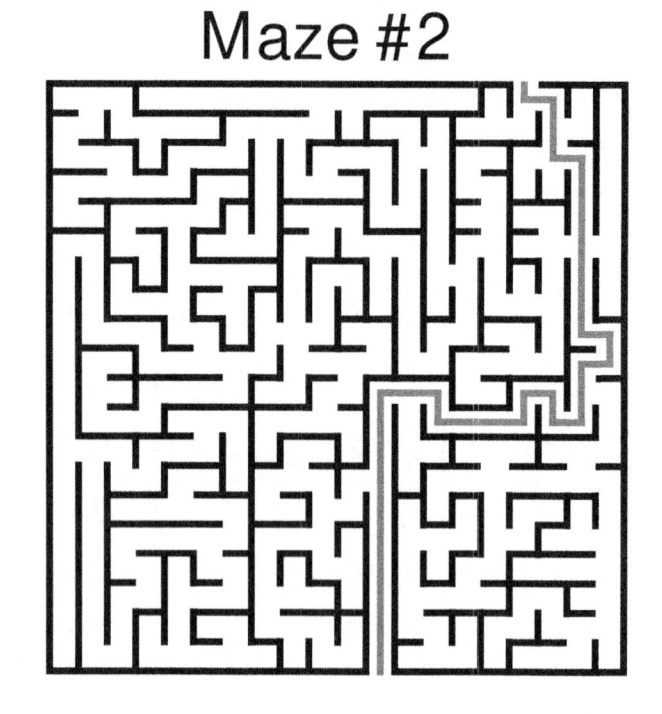

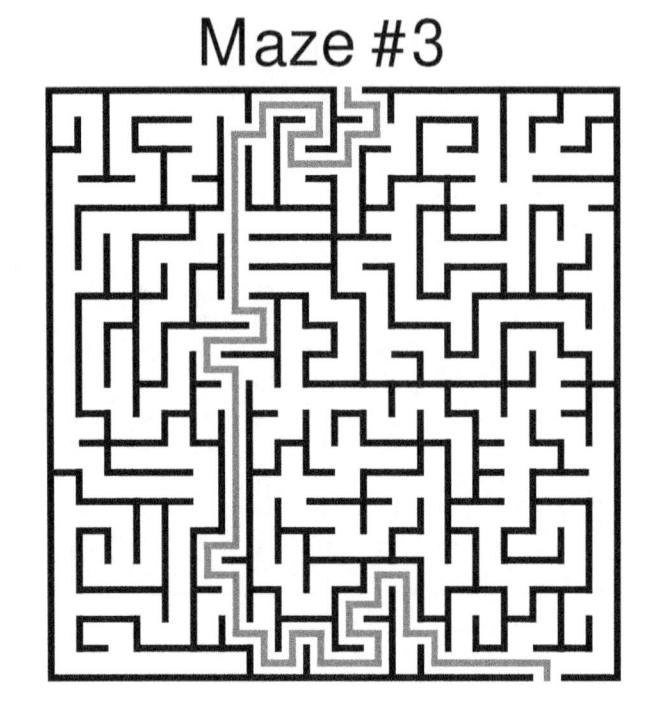

Maze #2

Maze #3

Maze #4

Maze #5

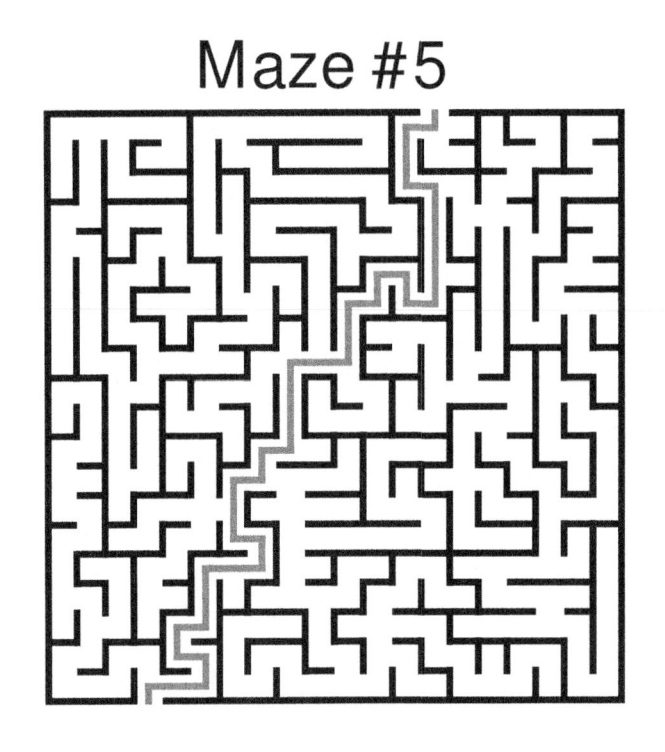

Maze #6

Maze #7

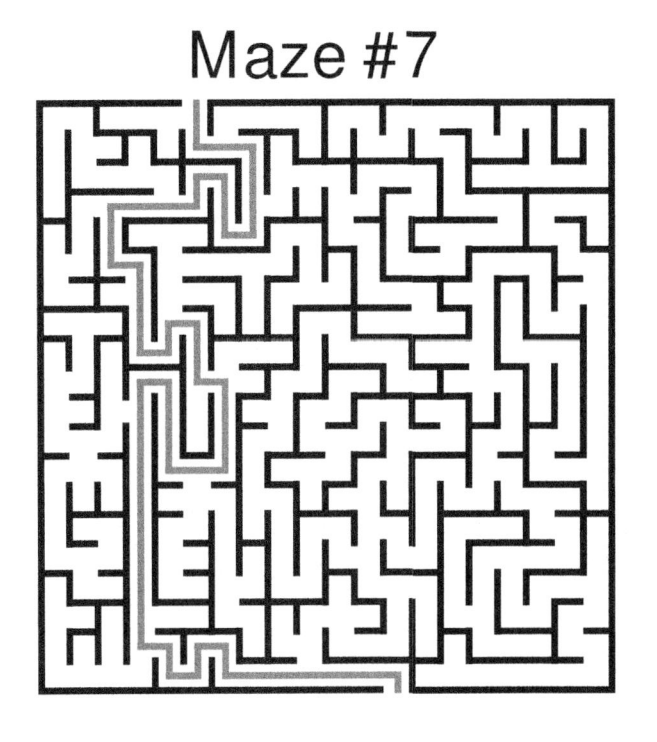

Maze #8

Maze #9

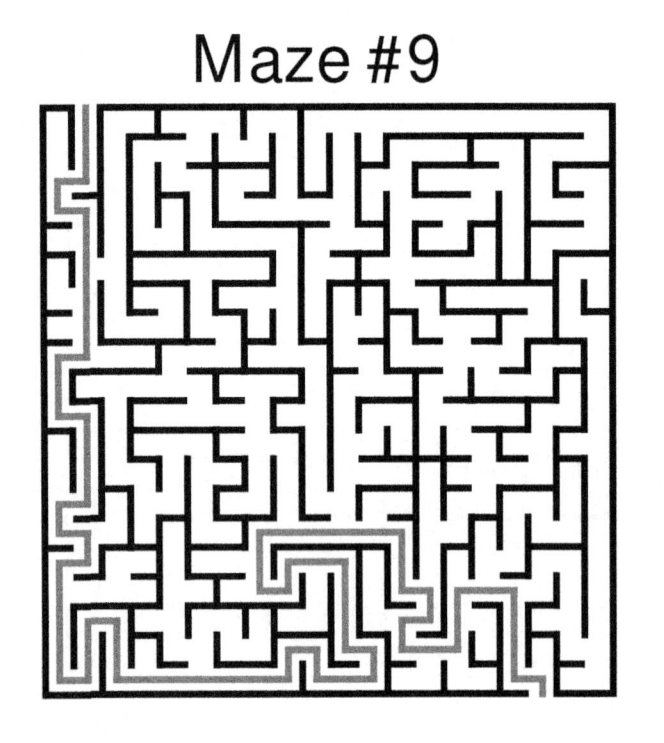

Maze #10

Maze #11

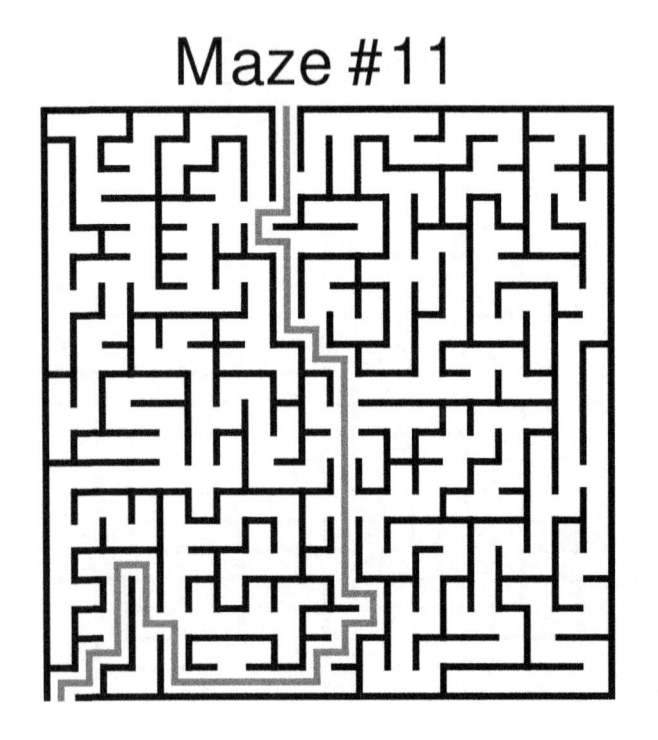

Maze #12

1: Famous Landmarks

Q1 : Paris

Q2 : New York

Q3 : Pyramids of Giza

Q4 : Rio de Janeiro

2: Science and Technology

Q1 : Deoxyribonucleic Acid

Q2 : Mars

Q3 : Central Processing Unit

Q4 : Alan Turing

3: Literature and Authors

Q1 : William Shakespeare

Q2 : Harry Potter and the Philosopher's Stone

Q3 : Harper Lee

Q4 : George Orwell

4: World Geography

Q1 : Asia

Q2 : Nile

Q3 : Atlantic Ocean

Q4 : Canberra

5: Music and Artists

Q1 : Michael Jackson

Q2 : Queen

Q3 : Bono

Q4 : Cello

6: Film and Cinema

Q1 : Christopher Nolan

Q2 : Casablanca

Q3 : Renée Zellweger

Q4 : The Lion King

7: Historical Events

Q1 : 1912

Q2 : George Washington

Q3 : World War II

Q4 : Art and Learning

8: Sports and Athletes

Q1 : Michael Phelps

Q2 : England

Q3 : Michael Jordan

Q4 : Athens

9: Food and Cuisine

Q1 : Avocado

Q2 : Japan

Q3 : Chickpeas

Q4 : Spaghetti

10: Pop Culture

Q1 : Madonna

Q2 : Hogwarts School of Witchcraft and Wizardry

Q3 : Leonardo DiCaprio

Q4 : Breaking Bad

11: Health and Wellness

Q1 : 2 liters

Q2 : Vitamin D

Q3 : Lentils

Q4 : 6-8 hours

12: Space and Astronomy

Q1 : Mars

Q2 : Ganymede

Q3 : Yuri Gagarin

Q4 : Hubble Space Telescope

Thank you!

Thank you for choosing "100+ Mixed Puzzles." Your enthusiasm for solving word searches, crosswords, mazes, and more has made this collection come alive. We appreciate your dedication to the world of puzzles and hope this book brought you joy and a sense of accomplishment.

Printed in Great Britain
by Amazon